認識人性

個體心理學大師 **阿德勒** 傳世經典

Menschenkenntnis

Alfred Adler
阿德勒 著
區立遠 譯

越是理解自己和他人，就越能有更好的生活。

各界推薦

「理解人性」是阿德勒大師闡述科學的人性知識，分析人生的美善與邪惡面向，強調人是社會動物，而意識則是人格的中心，除了內在的心理動力外，個體的人際關係，在家庭、學校或團體中都非常重要。這是一本促進自我了解與成長的寶典，也是心理諮商／家族治療的指南。

——林蕙瑛　東吳大學心理系兼任副教授

這本書是阿德勒大師教導大家理解人性知識的經典著作，大師所提出人的行動軸線、生命模式與生活方式，以及決定個人命運的性格論——建構人類內心世界的最強大的刺激，都是來自最早的童年時期。更強烈要求我們要謙卑地認識人性，就如同我教授的心理診斷這門科學，要學生在學習如何去了解一個人（自己和他人）時，要不斷地觀察、聽、思考（Observing, Listening, Thinking），蒐集資料才能提出假設，勿輕易下論斷。

對於現今多元的社會，我們也因為缺乏人性知識，在人際關係與共同生活相處上產生許多的困擾和情緒，因此若我們越能理解自己和他人，就能減少因此所造成的問題，而有更好的生活。這本書除了是對生活有裨益的心理學，也可說是心理病理的教科書，它教導我們要認識一個人的特質，才能了解外顯的病症，非常值得研讀。

——林惠蓉　臺北市聯合醫院臨床心理組主任

人性是什麼？它如何影響著我們各自獨特的生命？

身為長期體察人性幽明交會的心理學家，我由衷推薦本書給您。

——陳品皓　臨床心理師

修煉幸福的入門之道在於洞悉自己、了解別人，阿德勒的著作《認識人性》教你如何做好這門基本功夫，找到迷失的靈魂，主宰自身的命運。

——曾文志　國立清華大學教育心理與諮商學系教授

原典讀起來雖較辛苦，卻讓我們更能靠近阿德勒原汁原味的思想。聽別人說不過癮，來聽阿德勒自己說阿德勒吧！

——蘇益賢　臨床心理師

專文推薦

是理解、還是認識？是自我、還是他人？
重讀阿德勒的認識人性

吳毓瑩

是的，你手上拿的這本書，原文德文版於九十年前（一九二七年）阿德勒撰寫後問世，他自己則在寫書後十年於蘇格蘭亞柏丁市，在赴約演講的路上突然心肌梗塞過世。阿德勒一生言談紀錄與期刊文章三百多份，惟系統性寫下的著作不多，只有七本，其中六本完成於一九二七到一九三一年，正值他人生經驗與學術思想豐厚的六十歲左右四年間。說真的，阿德勒確實「說的比寫的好聽」，讀他的文字向來辛苦，於此一定要向翻譯區立遠先生致敬。但我們也聽說了，聽阿德勒演講如沐春風，他把學術語彙轉化為日常用語，說給一般民眾聽曉，一場接著一場，到處趕場，他急什麼呢？他在作者序中說，「本書主要任務試圖從個人的錯誤行為中，認識到我們在社會的活動與工作上的缺陷，找出錯誤所在，讓他知道他可以對社群生活的和諧調適有影響與貢獻。」我總是從阿德勒身上看見走過列國、累累若喪家之犬的孔子。他們兩位智慧大師，心中懷著仁，大力強調自我目的論對於人生方向的引導，孔子說，「仁遠乎哉？我欲仁，斯仁至矣。」（論語述而）。目的，不是誰為我安插，而是「我」自己的決定。仁，阿德勒也一樣相信，是導向社會情懷下我所做的選擇。

當我收到商周邀請寫這本書的推薦文時，不禁想，幾個月前才剛推薦一本啊？這本有何不同呢？四分之一個世紀前，兩大出版社，遠流與大中國圖書社，前後相隔一年（一九九〇、一九九一）翻譯了這本經典著作，正是解嚴啟動不久發生野百合學運（一九九〇）之時，道德與秩序正需重整，阿德勒所倡導的民主價值正在被臺灣人民品嚐著。今年（二〇一七）也是這本書再次熱門的年度，遠流剛出版了《阿德勒談人性——了解他人就能認識自己》，而今商周出版更以德文直譯的方式出版《認識人性》，讓臺灣民眾，經歷過野百合民主運動後二十五年洗禮於太陽花學運審判結果的此刻，打開這本德文直譯本，細細咀嚼民主的滋味，重新理解阿德勒的信念。

那麼，這本德文直接翻譯版，連題目《認識人性》都忠於德文（Menschen-kenntnis），不走美式白話版《了解人性》，也非走市場派的《阿德勒談人性——了解他人就能認識自己》，對於讀者而言，有何意義呢？並非商周宣傳「這是出版九十週年的紀念版」，我們就買單，直白相信這是一本有價值的書。我們不是讓市場左來右去的讀者，所以，德文直譯本，真的有價值嗎？

阿德勒在臺灣的第一本翻譯著作，應該是黃光國於一九七一年翻譯的《自卑與超越》（*What Life Could Mean To You*）。阿德勒一直強調人自出生之後便在尋找生命的意義，型塑自己的圈圈叉叉。這個圈圈叉叉，黃光國從英文 life style, life pattern 翻譯成生活樣式。如果細讀阿德勒理念，這圈圈叉叉固然展現在生活中，然更是人生發展方向的指引，因此，我採用美式英文用法，稱為生命風格。閱讀區先生的譯文時，我才知道風格二字，德文原文是生命軸線（Lebenslinie），看見德文採用絲線的比喻，我當下好感動，而且有一股「我懂了」的感覺。風格二字總有著一點點品味造型品牌形式的意味，英文沒有 life line 這種表達法，所以採用最貼近的 life style。過去我們囿於英文的說法，限在風格二字當中，殊不知用軸線來比喻時間與生命，早已在我們自己的文化中，卻不在美國文化裡。線這個字在中文裡一向比喻感情、時間、牽連以及流動，生命線更是寫在我們手掌上命運線，本身就是一個常用詞彙，國畫的卷軸也是利用橫長軸來表示時間的逝去。很安心看到區先生把德文附上，讓我感受到阿德勒採用生命軸線的比喻，述說我們對於經驗的看待與認定如何主導我們生活。生命軸線把這一切大大小小事件與感情匯聚在一起，如同河流一般，滾滾捲起了所有話語行動經驗走成河道，朝向我們自定的目標而流。因而人的一生，便走成了一個往特定方向流滾而去的軌跡，成為生命軸線。在生命軸線的引導下，我們的行動朝著目標與意義的方向步步累積往前，因而，這也是一股有方向的行動軸線（Bewegungslinie），更勝於英文翻譯本所採用的行為模式（behavior pattern）一詞。有時英文也會使用movement，然單看英文，不會把movement翻譯成行動軸線，便少了方向性的力道支持。行動軸線的重要，如同第五章所說「因為真正起作用的，總是人的行動軸線（Bewegungslinie）。這條線也許可以有若干程度的修正，但是其最主要的形式、節奏、能量以及意含，卻是從童年時期起就確立的。」

阿德勒特別強調行動的方向，以終為始，是人生的走向。

過去我們年紀小，以為自己的一切都是家庭、父母、老師、兄弟姊妹、同學、或家境造成的，阿德勒相信因果論確實可以解釋生命過往的歷史，然而，卻無法解決也無法設定生命的意義與目的。而生命軸線走法，其實，一直掌握在我們自己手上。這本書就是要清楚喚醒平凡的我們，要大聲呼喊讓我們知道、看懂自己擁有生命軸線的主導權，看到自小我們對於經驗的自我解釋所留下的印記。經驗不是客觀上所發生的事件，而是如德文所採用的文字，「做」經驗（eine Erfahrung machen），所經歷的人事物對我們的影響為何，端看我們自己如何去「做出」我們的經驗存在腦海中。做出，多好啊——在這「親手手作」珍貴的年代裡。

以前只能從美式英文版來認識阿德勒，常覺得，其實是透過美國人的文化眼睛，再加上華人對於美式英文的理解，來欣賞阿德勒。現在有區先生的直譯版，以及編輯穿梭於讀者與譯者之間，我至少可以摘掉一層過濾片。讀時，常有一股感動，至少我與阿德勒的思想之間，只隔著一層文化一個人，而不是兩重文化、兩個人。希望讀者也有這樣的心情，我們一起走入這一片心理學領域中可滋長心靈生命的智慧沃土，「做出自己的經驗」。

重讀本次商周出版區先生的翻譯力作，讓我省思，對於人性「重新做出自己的經驗」，是一種理解還是一個認識？我閱讀阿德勒留下的文字，作為人性闡述的知識，感受到阿德勒前輩希望我們徹頭徹尾重新整理自己對於人性的認識，重新轉換「認識人性」的觀點。因此在整本書中，你會常常與「認識」「知道」「知識」這幾個詞相逢。阿德勒相信，如果認識論觀點轉換了，我們才有接下去的理解與行動。認識與知識，是改頭換面的起點。因此認識人性，也成為我們理解阿德勒個體心理學說的出發點，其對於我們了解人性的期待，是更根本的認識論基礎。

關於人性，究竟阿德勒更在乎認識自我，還是認識他人？到底了解他人就能認識自己？還是認識自己就能了解他人？兩種邏輯關係是不一樣的。假設我們用等價逆命題的檢核方式來看待前後兩個命題的話，前面所說「了解他人就能認識自己」的檢核逆命題是，「如果你不認識自己，那表示你還無法了解他人」；後者「認識自己就能了解他人」的等價逆命題是「如果你還不能了解他人，那表示你根本也還沒有認識自己」。到底要先認識自我？還是他人？讀者是否覺得，兩種說法都有道理。是的，我自己說來說去，都覺得好有道理。這個道理，就是我們生而為人所強調同理共感之心。我有這感覺，所以我能感受你的感覺。我感受你的感覺，如同我自己也在經歷這感覺。你感時候我看到你感而我感，二者是同時發生的。我感如何而來，往往也是因為看到你感，啟動我的感。這個啟動的祕密，藏在鏡像神經元當中，是人類組合成為社會，共同合作在地球上共存共榮的根基。所以，這人性的認識，是先自我還是先他人？我只能說，二者同時存在於我們的心智中。孔子在論語中說，「己所不欲，勿施於人。」我們聽起來好像不夠積極，「我所不要的，不要給別人。」然而，其等價逆命題是「我所給人的，是我覺得好的。」換言之，也就是「民之所欲常在我心。」這一點，與阿德勒的社會情懷（或說社群感情）跨越兩千五百年相互共鳴。甚且，於一九九〇年起始迄今的科學研究中，發現這一點共鳴早已銘刻在現代智人大腦歷經二十萬年演化的鏡像神經元當中。

不論是累累如喪家之犬卻清楚知道自己散播仁的使命之孔子，還是殷殷冀盼民眾知己改變生命共創社群的阿德勒，兩位前輩捧著他們一生的智慧言語，告訴我們「先前以為自己受到無可避免的因果論所決定，因而在此命定之下一直想要脫逃。而今有了自我知識，了解我們自己可以決定我們行動的後果，知道我們靈魂的動力方向，我們就不用去逃避過去所害怕以為無法掙脫的因果論，我們就成了不一樣的、新生的人。」（導論最後一段）。以此與展書閱讀的您共勉。

本文作者為臺北教育大學心理與諮商學系教授兼教育學院院長、
臺灣阿德勒心理學會監事長

專文推薦

了解自己，了解別人，共創人類的幸福

楊瑞珠

「只有一個謙虛的人才能了解人性」，這是阿德勒在本書開宗明義的一個觀點。為什麼呢？我想謙虛的人會用好奇、尊重的態度去探知人和社會交織而成的獨特而複雜的內心世界，和傳統的醫療模式和行為主義絕然不同。

本書是阿德勒在維也納演講的文稿彙整，九十年來在歐美受到專業助人者及一般社會大眾的喜愛，是想整盤了解阿德勒心理學者不能不讀的經典之作。內容依主題包含人不能分割的身心狀態之生心理基礎、自卑與優越情結、童年與家庭、愛情與婚姻、認知、記憶與夢、情感與情緒、性與性別、性格之形成與呈現、及社會平等之議題。

本書中，阿德勒從微觀到鉅觀地注重個體心理社會發展之整體觀，對我在美國寫作「勇氣心理學：阿德勒觀點的健康社會生活」時有很大的影響。希望中文讀者能從本書探討個體如何在自己的性格特質中呈現出的其實是他／她對其所處社會之關係的評價。我也邀請身處當代華人社會中的我們一起體會人性，並體會為什麼阿德勒會認為了解人性的目的是為了提升人類的幸福。

本文作者為臺灣阿德勒心理學會理事長、北美阿德勒心理學會代言人（Diplomat）、國立高雄師範大學教育系教授、輔導研究所創所所長

CONTENTS

CONTENTS

第一版前言

這本書嘗試對最廣大的讀者們說明個體心理學不可動搖的基礎，以及這門學問對於認識人性、人際關係以及個人生活的規畫的重要性。內容來自我在「維也納國民之家」對四百個民眾在一年內所做的演說。本書的主要任務也就在於，試圖從個人的錯誤行為中認識到我們在社會的活動與工作上的缺陷，找出錯誤所在，好讓人們更能夠融入社會環境。

在職場和各門學科裡犯錯，固然是很遺憾的而且有害的。但是在「認識人性」上犯錯，很多時候甚至會危及生命。我想，在我們圈子以外的、向來關注我們這門學科的廣大同好，就像以前一樣，應該也不會想錯過這裡提出的結論和經驗。

在這裡我也必須對法學博士布洛斯納先生（Brosner）致上最深的謝意。他耗費了非常大的心力，把我演說的內容幾乎全部記錄下來，還做了整理和校對。如果我說，沒有他的協助，這本書幾乎不可能誕生，這並不是誇大其辭。

我也同樣感謝我的女兒，雅莉．阿德勒（Ali Adler）醫學博士；她幫我做了校對與完稿的工作，因為我當時正忙於在英國與美國向新朋友推廣個體心理學。希爾澤（S. Hirzel）出版社以值得讚賞的方式支持了本書的出版，並且周詳地對大眾做了宣傳。我要替個體心理學為此致上特別的感謝。

但願我的演說和這本書能夠有助於照亮人性之路。

倫敦，一九二六年十一月二十四日，阿爾弗列德．阿德勒醫師

[26]

第二版前言

第二版這麼快就問世，我想這說明了個體心理學的探索贏得了讀者大眾的信賴。

除了廣大讀者以外，我還必須感謝那些深入理解這本書的評論者們。至於不理解的評論者，我同樣要感謝他們，因為他們告訴了我該在第二版裡怎麼做。

維也納，一九二七年十月十九日，阿爾弗列德·阿德勒醫師

第一部 概說

導論

人的性情決定了他的命運

——希羅多德（Herodot）

認識人性有個基本條件：太自負或驕傲是行不通的。正好相反，對人性真正的認識必須是謙虛自持的，因為它告訴我們，認識人性是個非常艱鉅的任務，而且是人類自有文化以來就不斷追求的，只不過人們一直沒有很明確的目標，也沒有系統化的探討，因此往往只有少數識見超卓的人，才能夠比平常人更加洞察人性。在這裡，我們就碰到一個痛處：當我們不預設立場地檢視人們對人性的理解程度時，就會發現大多數人都是不及格的。我們對人性的認識其實都很貧乏。這和我們疏離的生活息息相關。以前人們的生活不像現在這麼疏遠。從孩童時期起，我們就很少和外界接觸，家庭把我們隔離起來了。我們整個生活方式也不允許我們跟周遭的人有如此親近的接觸，但是若要發展「認識人性」這門知識的話，這種親密的接觸卻是不可或缺的。這兩個重要因素是互相依賴的：我們無法與其他人建立親密的關係，因為我們缺乏對於人性更深刻的理解，而和他們疏離太久了。

這種對於人性知識的缺乏，它最嚴重的後果，就是我們在和鄰人相處上、在和他們的共同生活裡，總是會出現問題。我們往往會看到一個很刺眼而敏感的事實，那就是人們經常各行其是、各說各話、找不到共同點，因為他們彼此形同陌路，而且不只是在範圍比較大的社會裡，甚至在家庭這個最緊密的圈子裡，情況也沒有好到哪裡去。父母親感嘆他們永遠都搞不懂自己的小孩，而孩子也老是抱怨父母親不了解他們，這樣的言語我們再熟悉也不過了。然而在人類共同生活的基本條件裡，互相了解是必要的，因為我們對周遭的人的整個心態都取決於我們的相互了解。如果人們更能夠理解人性，在相處上就會更加和睦，因為我們會避免可能發生齟齬的相處方式；而那些方式現在之所以還存在著，那是因為我們沒有相互了解，因而很容易被外表蒙蔽或是被他人的偽裝給欺騙了。

現在我們要說明：當我們嘗試在這個至為重要的領域裡界定一個我所謂「人性知識」的學門時，為什麼偏偏要從醫學出發，而這個學門有哪些**前提**，擔負哪些任務，可以期待有哪些成果。

首先，**精神醫學**（Nervenheilkunde）已經是個極其需要人性知識的學門。精神科醫師在治療**精神病患**時，必須盡快透視他的內心生活。在這個醫學領域裡，醫生必須清楚病人的內心發生什麼事，才能做出有用的診斷，也才能採取或建議適當的手術和療程。這裡沒有表面症狀可看，一搞錯馬上就會導致問題，而正確的掌握往往會有立竿見影的成果。也就是說，在這裡進行的，是一場相當嚴格、而且分數馬上揭曉的考試。至於在社會生活中，我們對於別人的評斷比較容許犯錯。儘管在這裡，也是每一次都會導致問題，但是後果可能遲遲沒有浮現，使得我們往往看不出其中的關聯，而大多數人會驚覺到，對一個人的錯誤評斷，可能要到幾十年後才會導致嚴重的不幸和災難。這種情形一再告誡我們，**社會上每個人都有必要、也有責任去認識人性並且深化它**。

在研究過程中，我們很快就看到，那些在心理疾病中常見的心理異常（seelische Anomalie）、糾葛（Verstrickung）和挫折，從結構看來，基本上是在所謂的正常人的內心生活裡一點都不陌生的東西。那都是相同的元素與先決條件，只是表現得更極端而刺眼，也更容易辨識。所以，這個易於辨識的特點使我們能在這裡學習如何透過與正常人的內心生活做比較以蒐集經驗，最後也能更透澈地認識正常的狀態。其必要條件不過是反覆練習，以及那種在各種職業都不可少的投入和耐性。

第一個呈現在我們眼前的認知是：建構人類內心生活的最強大的刺激，都是來自最早的童年時期。這句話本身也許不是特別驚人的發現，因為每個時代都有研究者提出類似的論述。它不同以往的地方在於，我們把童年最早期的經驗，拿來與個體後來的處境和態度做比較，進而試圖主張說，童年時期的經驗、印象和立場，就其可驗證的範圍而言，和後來的心理現象之間存在一種**約束性**（bindend）的關係。於是我們得到一個特別重要的結論：個別的心理現象，**絕對不能視為封閉的整體**，我們必須把所有心理現象都視為一個不可分割的整體的許多部分，接著找出這個人的行動軸線（Bewegungslinie）、生命模式（Lebensschablone）與生活方式，並且了解到個人童年行為舉止的隱藏目的和其後的行為舉止的目的是同一回事，唯有如此，我們才能理解那些個別的現象。簡言之，我們會驀然發現，從心理活動（seelische Bewegung）的角度去看，一個人的生命方式從來都沒有改變過；我們看到，心理現象的外在形式、具體表現和言詞表現，也就是現象層次的東西，它們雖然會改變，但是其基礎、目的、節奏以及動力，也就是推動內心生活往目標前進的一切，則從來不會改變。比如說，當一個病人表現出恐懼（ängstlich）的性格，總是充滿不信任，盡量和他人保持距離，那麼我們很容易就能證明，這些心理活動在他三歲或四歲的時候就已經固著成型了，只是在單純的童年時候比較容易被看出來。因此我們習慣上會把注意力放在病人的童年上。這個辦法總是能夠奏效，使得我們不必別人告訴我們，就能夠預設一個人的童年發生了什麼事。我們把在他身上看到的東西視為他早期的童年經驗留下的印記，而且這些印記直到年老也不會消褪。——另一方面，當我們聽一個人講述他記憶中的童年事件，那麼，如果我們的理解無誤，我們就能大致上掌握眼前這個人是個怎樣的人。在這裡，我們也可以推論說：人類在最初幾年所形成的性格模式，是他以後非常難以擺脫的。即便成年人的心理在不同的處境下會有不同的表現而給人不同的印象，但是仍然只有少數人可以擺脫這個模式。成年的改變並不等於性格模式的改變。他的心理仍然立於相同的基礎之上，同一個人仍展現相同的行動軌跡，並且讓我們在他兩個年齡階段中，也就是在童年與老年裡，都看得到相同的目的。我們主要的注意力必須落在童年之上的另一個原因是，我們發現，當我們打算對病人做點改變的時候，重點絕不是從頭到尾拆除掉一個人無數的經驗和印象，而是必須先找到他的性格模式，揭露它，認識到他的特質，並且了解他外顯的病症。

所以，對孩童的心理的觀察，就成了我們這門科學的關鍵；這也是很大的鼓舞和啟發。大量的文獻投入對人生命最初幾年的研究。這裡有汗牛充棟的、尚未整理出頭緒的材料，一時間研究不完，每個人也都能有新的、重要的與有意思的發現。

這門科學也是讓我們免於犯錯的一種手段；因為一門科學如果只為了自己而存在，

那就不是人性知識。根據我們在人性知識方面的研究成果，我們理所當然地跨入了教育工作（Erziehungsarbeit），至今已經進行了許多年。然而如果人們認知到「人性知識」是一門重要的科學，也想要體驗和深入了解，那麼教育工作會是個豐富的寶庫。因為人性的理解並非書本的知識，而是必須在實踐中取得。我們必須體會別人的每個心理現象，對它們感同身受，並且陪伴別人走過他的快樂和不安。就好像一個出色的畫家，當他在幫人畫肖像時，必須能感受對方的內心，才能在畫中表現出來。所以「人性知識」應該被看成一門有許多工具可以使用的藝術，一門能跟其他一切藝術平起平坐的藝術，而且有一群人（詩人）早就知道如何善用它。這門藝術首先應該協助我們拓展人性的知識，並且讓我們所有人有機會得到更好且更成熟的心理發展。

在這個教育工作裡，我們常常遇到一種困難，那就是，我們人類對此是極其敏感的。很少有人不覺得自己對人性略有所知，即使他根本沒有對此做過研究；而且當我們想要替他增進一點人性知識時，當下覺得沒有被冒犯的人就更少了。只有一類人是真正善意的——這些人不是自己內心歷盡滄桑，就是能夠對他人的心理困境感同身受，因此或多或少見到了人類的價值。由於這個緣故，我們在進行工作時，也不得不採行某些**策略**。因為，不分青紅皂白地把對一個人的心理的認知攤在他眼前，是最讓人討厭、最容易招致物議的行為。如果你不想引起反感的話，在這方面就得小心一點。如果你不謹慎對待這門科學，或甚至濫用它，比如在宴會上想要炫耀自己能夠準確猜出鄰座客人的心理，那麼這門學問就成了你自毀名聲的最佳工具。同樣危險的是，如果你把這門學說當成完備的理論拿來反駁別人，就算是那些對此有些涉獵的人，也會覺得被冒犯了。所以我們在這裡再度強調，如前所述，這門科學強烈要求我們要謙卑，因為它不允許我們妄下論斷。小孩子有喜歡吹牛跟誇耀的習性，只為了表現自己什麼都會。但是如果成人這麼做的話，就很令人疑慮。因此我們的建議是，如果你在研究人性知識的過程中發現了什麼，應該先沉澱一下，在內心進行探究，而不要馬上拿來反駁任何別人。因為那樣的話，我們就會給這一門成長中的科學及其目標製造麻煩，會注定犯下一些只有未經深思熟慮的（即便是充滿熱情的）年輕人才有的錯誤。我們最好保持謹慎，同時要時時記得：在我們做出判斷之前，至少要能先看到整體，也要先確定這麼做能給他人帶來益處。因為就算是正確的判斷，如果在不適當的場合裡貿然說出來，還是能造成很多傷害。

在繼續這些觀察之前，我們必須先回應一項質疑；我相信有些人一定已經遭遇過。如前所述，一個人的生命軸線（Lebenslinie）是不會改變的；有些人對此一定感到難以理解，因為人在生活中總會遇到許多事情而改變了他的態度。不過各位要注意，一個經驗往往有多重的含意。你會發現，從完全相同的一個經驗中，幾乎不會有兩個人得到完全相同的心得。也就是說，人並不總是由於他的經驗而學聰明。他或許學會要深厲淺揭，避開某些困難，對那些困難採取某種做法。但是在這過程中，一個人前進的軸線並不會因此改變。我們在接下來的討論過程中將見到，一個人就算有過無數的經驗，也總是只會得出一些很特定的心得，而且，我們進一步觀察就會發現，這些心得大抵上對應於他的生命軸線，也加強了他的「生命模式」。我們德文有一種獨特的說法：當我們說一個人經驗到什麼，字面上是說他「做」一個經驗（eine Erfahrung machen）。這意味著，每個人可以自主決定要如何運用自己的經驗。事實上，我們每天都能看到人們如何從各自的經驗中得出五花八門的結論。比如說，有的人會習慣性地犯某一種錯誤。即便你真的證明他們犯了錯，你也會發現他們的結論各自不同。比如第一個人可能認為，終於到了改掉這個錯誤的時候了。但是這種人並不多見。另外一個可能會說，他犯這個錯誤實在太久了，現在已經戒不掉了。又有人會把這個錯誤歸咎於父母或整體教育，說從來沒有人關心過他這個問題，或者說他被寵壞，又或者受到太嚴厲的教養——然後拒絕改正自己的錯誤。最後這種人透露的訊息不過是，他們根本是不想負責任。這樣他們總是能小心翼翼地、彷彿有道理地避開自我批評。他們自己總是沒有錯的；一切他們沒能做好的事情，責任總是落在別人頭上。然而他們忽略的是，他們自己並沒有努力改正錯誤，而是執著於自己的錯誤；**教育的失敗固然要負責任，但你的意願仍然是決定性的**。所以，經驗的多重意含，以及從相同經驗可以得出各種不同的結論，這些事讓我們終於明白，為什麼一個人不願改變他的行為方式，而是反覆曲解自己的經驗，直到它們符合自己的行為模式為止。看起來，人類最難做到的，就是認識自己並且改變自己。

如果有人想要著手教育出更好的人，那麼，如果他在理解人性方面的經驗和判斷都不足夠的話，就會寸步難行。他也許能做一點表面功夫，像過去人們一樣，因為個案表面上的些許變化，就自以為已經達成某種改變。但是我們將用實際的例子明確說明，這種作為對於改變一個人是多麼無濟於事，因為一切只是假象；如果他的行動軸線本身沒有改變的話，那些假象都會再度消失。所以，改變一個人的過程並不是那麼容易，一定程度的深思熟慮與耐心是不可或缺的，尤其是必須擺脫一切個人的虛榮心，因為別人並沒有義務充當我們滿足虛榮心的對象。再者，這個過程必須是其他人可以接受的。即使是一道美味佳餚，如果用不適當的方式送到一個人面前，也可能因而被拒絕。

然而認識人性還有另一個同樣重要的面向，也就是所謂的社會面向。無疑的，人們越加相互理解，就越能和睦相處，也能建立更多的關係。因為有更多的理解，意味著無法互相欺騙。人的互相欺騙，對社會來說是個重大的危險。我們必須突顯這個危險，讓現在正要進入這門研究的工作同仁清楚看到。他們必須能夠看清人生裡所有無意識的東西、所有的隱藏、假裝、面具、狡詐與詭計，好讓他們想要幫助的對象也注意到這些東西。要能做到這一點，唯有依靠「人性知識」這門學問，而且不能忘記他的社會目的。

還有個值得討論的問題是，誰才是最能夠蒐集和研究「人性知識」的人。如前所述，這門學問不能只依靠理論進行。光是掌握幾條規則是不夠的；你還必須付諸實踐，提升到更高層次的結論和理解，使你的眼光更銳利、看得更深遠，超越以前的經驗範圍。這是我們之所以要在理論層次研究「人性知識」的關鍵原因。然而若要讓這門科學真正活起來，就唯有走入生活，並在其中把所掌握到的原則加以驗證與運用。這時候，上述的問題就會浮現，因為我們以前在接受教育的過程中的人性知識太過貧乏而且不正確，也就是說，我們目前的教育還不足以讓我們獲取有用的人性知識。要發展到什麼程度，從閱讀與境遇中要得出什麼心得——這些問題我們仍然留給每個小孩子自己去面對。對人性知識的探討還沒有形成一個傳統。人性知識還不是一門學說，而仍然處在一個古老的階段上，就像化學曾經是煉金術一樣。

現在，如果我們在這個一團混亂的教養過程中，探究哪些人才最有機會認識人性，我們就會看到，那會是那些社會關係還沒有破裂的人，他們大抵上仍然和他人以及周遭環境保有聯繫，仍然抱持樂觀主義，或至少是仍努力奮戰的悲觀主義者，或者說，他們還沒有被悲觀情緒逼到心灰意冷。不過除了仍然保持關係以外，深刻體驗也是不能缺少的。於是我們就得到一個結論：在我們今天充滿缺陷的教育裡，根本來說，只有一種人才能真正理解人性，那就是「悔改的罪人」(der "reuige Sünder")：他或者經歷過人類內心裡的所有過犯，並且走了出來，或者雖然還不到這個程度，但是已經很接近。當然，其他人也可能有這個能力，他們或者是耐心傾聽別人，或者是對他人特別有同理心。不過，最能了解人性的，一定是那些親身經歷過這一切內心衝擊的人。「悔改的罪人」似乎（不只在我們的時代，也在所有宗教發展時期裡）總是最受人推崇，甚於千千萬萬個「義人」。如果我們問為何如此，就得承認，一個從生命的種種困難裡掙扎出來、從泥沼中奮力爬上來的人，一個找到一種力量、對一切罪惡的誘惑不為所動的人，這種人最能了解人生美善和邪惡的各個面向。

從對於人心的認識出發，我們自然而然有了一種義務和任務，簡單說，就是要破除一個人身上不適合的模式，要打破使他迷失方向的錯誤觀點，還要教導他一個更適合共同生活、更能讓他找到幸福的觀點，也就是教他一種最省力的思想（Denkökonomie），或者謙虛一點地說，我們教導他的不過也是一個模式，不過是個非常注重社群情感的模式。我們不是要讓一個人的心理發展達到理想的狀態。但是各位會看到，光是確立一個立足點，對於迷失方向和誤入歧途的人，往往已經是極大的幫助，因為他能夠在自己的錯誤中確實感覺到自己在哪裡走錯了路。嚴格的決定論者（Deterministen）認為人類一切事物是都是由一連串的原因和結果組成的；這種觀點在此處的討論中不容忽視。因為我們確實知道，如果一個人心裡還存在著一股力量、一種動機，如果他能**認識自己**（Selbsterkenntnis），也就是更加理解到內心在做什麼，以及這些東西的源頭，那樣的話，這個**因果關係**（Kausalität）就會完全不同，他的經驗也會產生出完全不同的效果。他就此變了一個人，而且再也不能擺脫這種認識上的改變。

〔第一章〕
人的內心

一、內心生活的概念及其前提

「擁有心靈」這件事，我們認為只出現在有**移動能力的**、活著的生物體（Organismus）裡。心理（Seele）跟自由移動之間的關係至為緊密。落地生根的生物體幾乎沒有內心生活（Seelenleben）可言；對它來說也是完全多餘的。我們只要想一下，如果具有根系的植物有感覺與思想，對它們來說會是多麼殘忍的事：一方面完全不具備移動的能力，卻在眼看要遭受傷害時沒辦法閃避；或者設想一株擁有理性和自由意志的植物，卻注定不能以這種能力到處活動；它的意志和理性能力將永遠無用武之地，最後只能歸於塵土。

於是我們看到，缺少內心生活，是植物和動物最重要的差別所在，它同時指出一個重要的意義，也就是**移動與內心生活的關係**。這個思路也讓我們明白，在內心生活的發展過程中，與移動相關的一切都必須考慮進來；由於生物在空間移動上有種種限制，所以這個內心生活便負有預期未來、累積經驗、發展記憶力的任務，而有助於生命的種種活動。

所以我們首先可以確定，內心生活的發展是和位移的運動密不可分的；其次，內心的一切進展，取決於生物體自由行動的能力。因為這種行動能力會刺激和催促內心，要求內心生活的強度不斷升高。我們可以想像一下：假使我們剝奪一個人一切的行動自由，那他的整個內心生活就注定會停滯。

二、心理器官的功能

如果我們從這個觀點去掌握內心生活的功能，就會明白這涉及一種天生能力的演化，其目的是在表現一種**攻擊的、防衛的或保障、防護的器官**，這取決於生物體的處境需要的是攻擊或防衛。所以我們只能把內心生活視為一套隨時準備攻擊或保全的複合體（Komplex）；這些準備是對外在世界的回應，以確保人類生物體的存續與發展。這個條件確定之後，就衍生出其他條件，這些條件對於理解何謂「心理」來說相當重要。**我們無法想像一個孤立的內心生活**；我們只能想像一個和周遭一切息息相關的內心生活，它會從外界接收刺激並且做出若干回應，也擁有必要的手段和力量以保護生物體的安全，維繫其生命，不論是對抗環境或是和環境合作。

我們從這裡可以觀察到各式各樣的關係。首先是關於生物體本身：人類的特質，其身體結構、優點和缺點。不過這些都只是相對的概念。因為我們很難說某種能力本身或某個器官意味著優點或是缺點。這要從個體的環境去判定。比如人類的腳掌某種程度來說是萎縮的手。對於需要攀爬的動物而言，這會是嚴重的缺點。但是對於在平地行走的人類來說，這種腳掌是個明顯的優點，沒有人希望他的腳掌長得像正常的手掌一樣。一般來說，不論在個人的或在所有民族的生活裡，所謂劣勢（Minderwertigkeit）並不是固定的，宛如永遠隱藏著這個缺點的拖累，相反的，那必須視環境而定。我們將能看到，這裡有多麼廣闊的領域供我們觀察；人類的內心生活在面對**全宇宙的大自然**的所有要求時，和它們建立了什麼關係，比如對於日夜的變化、對太陽的主宰萬物、對原子的活動力等等。這些外在影響都跟我們內心生活的特質關係緊密。

三、朝著目標努力的內心生活

從種種心理活動中，我們首先認識到它是一種有目標的運動。因此我們必須先確定一件事：把人類的內心想像成一個靜止的整體，那是完全謬誤的。我們只能把它想像為包含許多進行中的力量，而這些力量是源自一個統一的原因，也努力朝著一個統一的目標前進。光是「適應」這個概念就已經隱含了努力朝向目標前進的意思。我們無法想像一個沒有目標的內心生活；它所包含的運動與活力都必須朝一個目標進行。**所以說，人類的內心生活是由一個目標決定的。**如果眼前沒有一個目標去決定、制約、限制、揀擇和引導的話，就沒有人能思想、感覺、意欲甚或做夢。這一切幾乎都涉及生物體以及外在世界的種種要求、以及生物體被迫做出的回應。人類的身心現象都和這些基本觀念若合符節。心理的發展必須以這裡所說的框架去思考，它會朝向眼前的一個目標前進，而這個目標又是得自上述的各種力量作用。這個目標可能是變動的，也可能是一成不變的。

所以我們可以用一種方式理解所有心理現象：把它們當作為了未來事物的準備。看起來，我們只能把心理器官（das seelische Organ）想像成眼前有個目標，而**個體心理學**也認為人類一切心理現象都會指向某個目標。

如果我們知道一個人的目標，也對這世界多少有些認識，那我們就知道他的表意行為（Ausdrucksbewegungen）[1]意味著什麼，並且理解這些行為是他為此目標所做的準備。我們也會知道這個人還得做哪些動作，才能達到這個目標。就好像一個人如果知道石頭放手會落到地上，那他也應該知道石頭會經過什麼路徑。只不過，人的內心並不依

1譯注：德文心理學術語，指傳達特定意義的動作或行為。

循自然法則，因為眼前的目標並不是普遍固定不動的，而是有個別變化的。但是如果某人眼前有個目標，那麼他會不由得產生對應的內心活動，彷彿真的有個自然法則在支配著，使他不得不依據該法則去行動。但是這代表著，在內心生活裡並沒有自然法則，而是每個人在這個領域裡建立起自己的法則。如果他覺得這個法則就像自然法則一樣，那就是他的認知欺騙了，他以為他可以證明這個法則是不可變而有限定的，但其實那是他自己暗中在操縱的。比如說，如果有個人想畫畫，我們就會看到他做出各種有此目標者都會做的動作。他會依照絕對的順序完成所有步驟，像是存在一個自然法則一樣。但是他真的必須畫這幅畫嗎？

所以說，無生命的大自然的運動有別於人類內心生活的運動。這裡就遇到人類是否有自由意志的爭議。現在人們似乎都認為人類的意志是不自由的。是的，當人被一個目標束縛住，他確實是不自由的。而且，既然這個目標往往是來自於宇宙的、動物的以及社會的限定，所以我們自然會覺得內心生活也是受到不變的法則支配。但是如果一個人否認且抵抗他和社群的關係，也不願意迎合種種現實，那麼內心生活裡這些看似存在的規律性就會被揚棄，然後會出現一個新的規律性，這個規律性同樣是由一個新的目標決定的。同樣的，如果一個人對人生感到絕望而打算離群索居，那麼社群的法律就再也沒有任何約束力。所以我們必須說，只有設定了目標，內心生活的活動才會有其必然性。

反過來說，我們有可能從一個人的行動中推論出他眼前的目標。這其實是更重要的事，因為有些人往往不清楚自己的目標在哪裡。事實上，這也是我們為了研究人性知識時通常必須走的路。這個探究不像前一個研究那麼容易，因為人的活動是多義的。不過我們可以把一個人的許多活動拿來比較，並且畫線連在一起。在理解一個人的時候，可以把不同的生命時期的行為舉止和表意形式，兩兩成對地用一條線連起來，於是我們手上就有了個系統，據此會得到一個**方向一致**的印象。由此我們可以發現，一個孩童時期的模式，出人意料地直到生命晚期都會反覆出現。下面這個案例或許可以說明這點：

一個刻苦奮鬥的三十歲男子，歷經了種種艱難，終於功成名就。有一天，他去看醫生，因為他得了重度憂鬱症，而且對工作和生活失去了興趣。他說，他不久後就要訂婚了，但是對未來有極大的不信任感。他受不了自己強烈的妒忌，而且婚約眼看有破裂的危險。他的陳述並不十分可信；女方實在沒有可以責怪的地方。他所表現出來的強烈的不信任，使人不禁懷疑他屬於一種人：他們因為受對方吸引而接近他們，但是會採取侵略性的態度，嚴重的妒忌毀掉了他們想建立的關係。為了畫出上述的線段，我們從他的生活中挑出一個事件，並嘗試和他現在的立場做比較。根據經驗，我們總是會探問他最早的童年印象，儘管我們知道他的敘述有時候無法通過客觀的檢驗。這個人提到早期童年記憶如下：他和母親以及弟弟到市場上。因為人群擁擠，母親把他抱了起來。但是當母親發現她抱的是哥哥，於是把他放下，而去把弟弟抱起來。他只得愁眉苦臉地跟在媽媽身邊自己走路。當時他四歲大。我們注意到他在講述這個回憶時的語調，和剛才在陳述自己的痛苦時很相像：他不確定自己是不是最受疼愛的人，而且他一想到別人可能比他更受寵愛，他就會受不了。——我們對他指出這個情況之後，他非常驚訝，馬上看出這其中的關聯，也就是他生活方式（Lebensstil）。

我們看到一個人的表意行為，都必須設想那是指向某個目標，而這個目標之所以形成，則是受到外在世界給孩子留下的印象的影響。一個人的目標，或者說他的理想，早在生命最初的幾個月裡就形成了。因為在那段時間裡，小孩子的感受（Empfindung）扮演著重要的角色，而孩子也會做出快樂或不愉快的回應。在其中，他的世界觀以及對此世界觀的態度就已經浮現出最初的線索，即便是以很原始的方式。也就是說，我們所能理解的內心生活的種種因素，其基礎早在嬰兒時期就奠定下來了。這些基礎會不斷擴建，它們是會改變的、可能受到種種影響的。各式各樣的外在作用，都會強迫小孩子以某種態度去回應生活對他的種種要求。

所以說，當有些研究者強調，一個人的性格特徵（Charakterzüge）在嬰兒時期就看得出來，因而認為性格是天生的。我們不能說這看法有錯，然而我們可以確定，如果以為人的性格是遺傳自他的父母，那就不只是錯誤的，而且還是極為有害的，因為這會讓教養者對自己的工作喪失信心。這個性格遺傳論之所以得到支持，是因為有些教養者拿它來為自己開脫，撇清自己的責任，但這當然違背了教養的職責。

在建立目標時還有個重要的輔助條件，那就是**文化**的影響。這個文化條件可說是構築了一道柵欄，而小孩子的力量會不斷和它碰撞，直到找到一條看起來可行的路，能讓他實現願望，在未來得到保障和適應。我們很快就會看到，小孩子對保障的渴望會多麼強烈，而文化的融入又能提供多少保障。那不只是免於危險的保障，而是就像一部裝配良好的機器一樣，還要額外加上一個安全係數，以便保證人類不受傷害。小孩獲取這個額外的安全係數的辦法，就是過度地要求保障與欲望的滿足，也就是要求額外的、更多的東西，超過他單純的生存與平靜的發展所需。於是他的內心生活就出現了一種新的活動。這條活動軸線，正如我們在此提到的，顯然是一條朝向優勢地位（Überlegenheit）[2]

2 譯注：優勢地位（Überlegenheit），「劣勢地位」（Minderwertigkeit）的對立概念。

的線。這個小孩子就像成人一樣，想要成就比別人更多的事情；他追求優勢地位，並由此獲得上述的保障與適應——這正是他從一開始就設定的目標。內心生活就這樣起了波動，產生一種不安，而且這種不安還會繼續擴大。我們只要想像一下，比如宇宙大自然的作用會迫使人們尋求更大的保障。或者當人的內心在急難中感到焦慮、感覺自己無法應付狀況時，我們就又能觀察到這種心態的異常，也就是比在平時更強烈地要求優勢地位。

在目標設定的時候，個體也可能選擇逃避來解決更大的難題。我們在此看到一種人的類型（Menschentypus），他們遇到困難不是退卻就是躲藏起來，以便至少能把他們所面臨的要求暫時打發掉。這一點讓我們明白一件事：**人類內心的反應從來都不是一勞永逸的**，而永遠只能是暫時的回應，從來都不會有完全正確的解答。特別是對於孩童的心理發展過程，我們絕不能把成人的標準拿來套用，而是必須注意到，這些實際的目標設定不過是暫時性的，只是被不實際的「優勢地位」的目標所限定才產生的。藉由**同理**（einfühlen）孩童的內心，我們總是必須看得更遠一點，必須設想當前這個作用中的力量有一天大概會把孩子帶往哪裡。而當我們設身處地去了解孩童的內心，就會明白，這些力量的湧現，代表的不外乎就是他已經或多或少決定照自己的意思因應當前和未來的狀況而做最終的調適。由此而生的情緒基調（Stimmungslage）可以引導孩子走上不同的路。一個是**樂觀主義**的方向：孩子相信自己能夠順利完成遇到的各種任務。於是他也將發展出對應的性格特徵：也就是總是船到橋頭自然直的人會有的性格特徵，包括勇氣、開放、可靠、勤奮這類特質。其反面就是**悲觀主義**的特質。如果你設想，一個對自己解決問題的能力沒有信心的孩子，會設定怎樣的目標，就能夠想像，這樣的孩子內心是什麼光景。我們會看到膽怯、退縮、封閉、不信任以及其他此類特質，都是弱者試著保護自己的工具。他的目標將落在可實現的範圍之外，也遠遠落在生活戰場的前線後方。

〔第二章〕

內心生活的社會性質

[42]

要了解一個人的內心，就必須觀察他對周遭的人的行為舉止。人類彼此之間的關係有一部分是自然形成的，所以會有各種變化，一部分則是有計畫的關係，尤其可見於各國的政治活動、國家的建立以及政體。如果不同時觀察這些關係，我們也就無從理解人類的內心生活。

一、絕對真理

人類的內心生活無法自由地切換開關，而是必須隨時待命執行不知哪裡來的任務。所有這些任務都與**人類共同生活的邏輯**（Logik der menschlichen Zusammenleben）密不可分，這個邏輯是眾多主要條件（Hauptbedingung）之一，它們會不斷對個體產生作用，而且只在某個程度下才會受到個體的影響。當我們考慮到，人類共同生活各種條件的數量太多，以至於無法完全掌握，而這些條件也會有若干變化，那麼我們就會明白，我們不太可能照亮眼前內心生活的所有黑暗角落；這是非常困難的事，而且我們離開自己的環境越遠，困難度就越大。

也就是說，我們必須考慮到一個團體的內在遊戲規則（那些遊戲規則是人類以其身體的有限結構在這個星球上自然發展出來的），把它們視為**絕對的真理**；我們只能在克服偏差和錯誤之後，才能夠漸漸接近這個真理，這是為了增進我們的人性知識而必須理解的一個基本事實。

馬克思（Marx）和恩格斯（Engels）的唯物史觀掌握到大部分的基本事實。根據這個學說，攸關國家生計的經濟基礎，也就是其生產技術，會決定「意識型態的上層結構」（ideologischer Überbau），意即決定人們的思維和行為。至此，這跟我們的「人類共同生活的邏輯」以及「絕對真理」的觀點是一致的。然而歷史卻告訴我們，特別是我們對個體生活的洞見，即我們的個體心理學（Individualpsychologie）：人類的內心生活習慣用錯誤來回應從經濟基礎而來的衝擊，也要很長時間才能擺脫那些錯誤。我們通往「絕對真理」的道路得跨越許多錯誤。

二、社群的強迫性

人類需要共同生活。這是理所當然的，就好像天候的影響會讓人必須禦寒和建造房屋。我們在**宗教**裡也看到這種共同生活的強迫性（即便是以一種難以理解的形式），因為宗教將各種社會形式神聖化，取代理解的思考，以凝聚整個團體。如果說前者（天候）的生存條件是由宇宙決定的，那麼後者（宗教）就是由社會決定的，也就是由人類的共同生活及其規範和規律來決定。社群的要求規範了人與人之間的關係，而這些關係自始就是理所當然的「絕對真理」。因為社群是先於人類的個別生活的。在人類文化的歷史上，沒有任何生活形式不是以社會形態進行的。從來沒有任何地方的人類不是以社會形式出現的。這個現象也很容易解釋。在整個動物界裡有個法則或基本特性，那就是，一種動物如果不是特別能夠應付大自然的挑戰，就會團結起來以凝聚新的力量，然後重新以獨特的方式回應外在世界。社群生活對人類的貢獻也在於此，所以結果是，人類的心理器官裡充滿了社群生活的種種規定。達爾文也早就指出，你永遠找不到弱勢的動物是單獨生活的。人類也是如此，因為我們沒有強大到能夠單獨存活。我們只能有限度地抵禦大自然，必須藉由他人的協助才能維持自己的存在，才能吃飽肚子。各位只要想像一下，如果有個人獨自在原始森林中生活，沒有人類文明的支撐，那會是什麼光景。他所面臨的生存威脅會比任何其他生物都大得多。他兩腿跑不快，肌肉的力量比不上強壯的物種，沒有肉食性動物的牙齒，也沒有靈敏的耳朵與銳利的眼睛，以便在這種生存鬥爭中勝出。他需要費極大的功夫才有資格存活下來，保護自己不被消滅。他的食物來源很特別，他的生活方式需要密不透風的保護。

於是我們明白，人類只有在特別有利的條件下才能夠自我保存。而唯有群居生活才能滿足這個條件，所以人類必須群居。而且唯有共同生活才使人類以**分工**完成種種原本屬於個人的任務。只有分工才使人類取得種種攻擊和防衛的武器，甚至是我們以「文化」統稱之的一切生活所需。如果我們考慮到孩子的誕生必須歷經種種艱難，必須有很特別的準備工作，個人憑一己之力是辦不到的，唯有既有的分工體系才能提供；如果我們想到，人類在嬰兒時期受到的種種疾病和損傷的威脅更甚於動物界，那麼我們就能大致有個概念，要維護人類社會的存在，必須有大量的照料和保護，也能清楚意識到這種互依互恃的必要性。

三、防衛和適應

根據以上的討論，我們必須確定：從自然的角度來看，人類是一個劣勢的（minderwertig）物種。但是這種劣勢地位，這種在意識裡揮之不去的缺陷感與不安全感，卻構成源源不絕的動力，使他找到適應生存之道，為未來打算，並創造適當條件，以彌補人類

[44]

在大自然中的不利地位。在這裡，真正有適應和防衛能力的，還是他的心理器官。最早的原人想要以尖角、爪子或利牙去抵禦大自然的威脅，那顯然困難得多。只有這個心理器官才能真正迅速提供協助，彌補人類在身體構造上的劣勢。這種動力，由於缺陷感而產生的動力，使人類發展出**未雨綢繆**（Voraussicht）的能力，也讓他的心理發展成我們現在看到的思考、感覺和行為的器官。既然在這些額外的協助中，在這些適應生存的努力過程中，群體生活也扮演重要的角色，所以心理器官自始就必須考慮到團體的條件。它一切的能力，都是在一個有團體生活元素的基礎上發展起來的。人類每個念頭都必須是能夠配合團體的。

如果我們想到接下來的進展，就會遇到**邏輯**的起源。邏輯本身是個要求普遍有效性（Allgemeingültigkeit）的東西。**只有普遍有效的，才是合乎邏輯的**。團體生活的另一個顯著的結果就是**語言**；這是個驚人的成就，它使人類從所有生物中脫穎而出。語言這種現象，離開普遍有效性的概念是無法想像的。這意味著語言源自人類的社會生活。對一個單獨生活的動物來說，語言完全是多餘的。語言正是以人類的共同生活為考量；語言其實也是人類共同生活的產物和接著劑。這其中有個顛撲不破的證明：如果一個人在成長過程中，欠缺或被禁止和他人接觸，或者其他人拒絕和他接觸，這種人幾乎都會有語言和表達能力的困難。這就是說，唯有能夠和他人接觸，才能建立且維持這個語言的連結。語言對人類內心生活的發展有非常深遠的意義。邏輯思考只在語言的前提下才有可能。透過概念建構的可能性，我們才能分辨出種種差別，創造出種種概念，這些概念不是私有的，而是公共的對象。我們的思想與感受，也只在普遍有效性的前提下，才能為人所了解；而我們對美麗事物的驚豔也是建立在相同的基礎上：審美判斷、對美與善的認可，都必須是公共對象。於是我們便認識到，邏輯、理性、倫理、審美的各種能力，都必定源自人類的社群生活，而這些事物又是一種接著劑，以保護文化免於崩壞。

從個別的人的處境，我們也能了解他的意欲（Wollen）。意志（Wille）不外乎一種衝動，想要從缺陷感達到充足感。感覺到這條路浮在眼前並實際踏上去，就叫「意欲」。每個意欲都和缺陷感以及自卑感有關，並且促使一個人亟欲追求飽滿、滿足和完美無缺的感覺。

四、社群情感

我們現在了解，那些遊戲規則，也就是教育、迷信、圖騰和禁忌、立法之類的，它們是人類的自我保存不可或缺的事物，首先也必須是能夠配合社群理念的。我們在宗教團體裡看到了這點，我們在心理器官最重要的功能裡看到社群的要求，甚且不只在個人生計裡，也在公共生活的要求裡找到社群情感。我們稱為**正義**的東西，這個我們認為是人的性格的光明面的東西，本質上不外乎是為了滿足人類群體生活的要求。正是這些要求，才會形成心理器官。所以，所謂的可靠、忠誠、坦率、求真以及類似特質，其實都是依據社群生活的普遍有效原則而成立和遵守的。所謂好的性格或壞的性格，只能從社群生活的角度去判定。性格，就像科學、政治或藝術方面的貢獻，都因為對於全體有價值，才被認為是偉大而有價值的。我們藉以衡量個人的理想形象，只有在考慮到其對公共社群的價值與益處時才能成立。我們用來評價一個人的**理想典範**也都是考慮到它對於全體的價值和裨益。我們用以臧否人物的，也是一個全體人類的理想形象，他會以成就大我的方式完成眼前的任務；他心裡充滿著**社群情感**，用福特慕勒（Furtmüller）的話說，「會遵守人類社會的遊戲規則」。我們將在接下來的論述裡證明，沒有任何心智完整的人能在沒有維護且充分實踐社群情感的情況下成長。

【第三章】

孩童與社會

社群對個體做出為數不少的要求，並因此影響我們生活中一切的規範和形式，進而影響到我們的思考器官的發展。社群也是依照生體構造的原則奠定起來的。社群的凝聚在於人類的兩性差別。唯有處於社群之中而不是離群索居，才能滿足個人的生命衝動，也才能確保安全和生活的樂趣。從孩童漫長的成長過程可以發現，社群必須能夠保護個體，人類的生命才有可能開展。再者，唇齒相依的生活促成了**分工**的結果，但不會使人們分隔開來，反而會團結在一起。每個人的任務就是為其他人工作，他必須感到和其他人緊密相繫，這個層層無盡的關係網路才會在人類內心裡形成種種要求。我們下文就要來探討在孩童身上就看得到的若干親密關係。

一、嬰兒的處境

一個嬰孩相當需要社群的協助。他所面對的是個施與受的環境，有要求也有滿足。他的本能衝動會遇到一定的挫折，而為了克服這些挫折，他會感到痛苦。他很快就認識到這些困境是因為他年紀幼小，這時候他的心理器官就派上用場，其功能在於預想結果，想辦法在不發生磨擦的情況下滿足自己的本能衝動，並且使得生活順遂。他一直注意到，有些人比其他人更能夠滿足自己的本能衝動，也就是在某些方面優於他人。於是他明白了身高的重要，因為個子高才能開門；他也明白力氣大的重要，因為可以搬動重物；他也認識到地位的重要，因為可以對別人發號施令，要求別人服從。在他的心理器官裡捲起一個渴望長大的風暴，要和其他人一樣強或更強，超越身邊的人，他們全心全意呵護他，把他當成低等的存在，卻又對嬰孩的嬌弱百依百順，使得嬰孩有兩種行動的選擇：一方面如法炮製大人用以施展權力的手段，另一方面則是表現自己的嬌弱，讓別人難以抗拒他的要求。我們將在孩童身上一再看到這種人類心理衝動的分歧。心理類型的形成在這個時期已經開始了。其中一個類型會追求認可、奪取和運用權力，另一個類型則彷彿是利用自己的弱點的投機，以各種方式表現自己的嬌弱。我們只要回想一下孩子的態度、表情和眼光，就可以據此替孩子歸類。所有這些類型都必須從他們的人際關係去理解，才能彰顯其意義。他們的行動大抵上也都是模仿周遭的人們，或者是為了迎合他們才形成的。

一個小孩子的**可教性**（Erziehbarkeit），就取決於這幾個簡單的條件，取決於小孩子是否努力克服他的弱勢，而這個努力同時也構成讓他開展多種能力的動機。

孩童的處境的個別差異很大。有些孩子生活在一個敵意環伺的環境裡；這些印象讓他感到這個世界對他是有敵意的。對於還不成熟的幼小思考器官而言，這種印象是理所當然的。如果教育沒辦法防範未然，那麼這個孩子的心理就會發展成認為外在世界一直是有敵意的。這種敵對的印象，在小孩子遭遇更大的挫折時會不斷加強，尤其是當孩子們的身體器官比較弱勢的時候。相較於天生身體器官比較強壯的孩子，這類孩子感受環境的方式是很不一樣的。這種器官的劣勢（Organminderwertigkeit）會表現在不同的面向，比如行動困難、個別器官缺損、身體的抵抗力比較差、比較容易生病等等。

然而遭遇挫折的原因不一定和孩童在身體構造上的缺陷有關。而也有可能是由於家人因為不理解或不小心而讓小孩子負擔過重的任務——簡言之，由於孩童的環境出了錯，變成外在環境對他的壓迫。一個本來願意適應環境的孩子，就此遇到阻礙，讓他更難以適應。舉例來說，如果家人意志消沉，充滿悲觀主義，那麼在這種環境中長大的小孩也很容易感染這種氣氛。

二、種種挫折造成的效應

孩童會在各個方面、由於各種原因而遭遇挫折，特別是小孩的內心生活還沒有足夠的時間好好發展，就此而言，他的回應顯然會發生種種**錯誤**，如果這個孩子不得不應付外在世界種種不可抗拒的條件的話。若我們考慮他的各種失誤，就會不由得認為，這種內心生活的發展是一生都不會停止的，也會不斷嘗試前進，並試著做出正確的回應。我們尤其會在小孩子的表意行為裡看到，一個在成長中的、趨向成熟的人，在某個處境中會如何回應。他的回應、他的態度，會對我們顯現出一些線索，讓我們看到他的心理本性。同時我們還要注意到，對於一個人的**表意行為**，或是大眾的表意行為，不可以根據某個模式就妄下論斷。

孩子在內心生活的發展中需要克服的挫折，那些幾乎使他的社群情感發展受阻的挫折，我們可以分成下面兩類。其一是源自於文化的缺失，以及家庭和孩童的經濟處境所造成的挫折。其二則是身體器官的缺損所導致的。在面對一個原來只為了器官完整的人所創造的世界，小孩周遭的文化都預期他會擁有器官完整的力量和健康時，偏偏有些小孩在重要的器官上有缺損，因此難以適應生活的種種要求。這種小孩有的是學步遲緩，甚或行動困難，或者學說話比較慢、長時間說話都不靈光，因為他腦部活動的發展需要更長時間，跟不上我們的文化所預期的一般小孩。大家都知道，這類孩子會不斷冒犯別人，動作跟不上，遭受身心的種種痛苦。他們和這個世界的接觸顯然不會很開心，因為這個世界不是特別為他們量身打造的。這類由於發展遲緩而構成的挫折相當常見。時間一久，這種遲緩也許可以得到彌補，而且不留下長期的損害，假如在這期間的內心的痛苦沒有在孩子的心裡烙下一生難以擺脫的印記的話（一個在這種心理痛苦下成長的孩子往往也會有其他經濟上的困苦）。我們不難理解，人類社會中絕對既定的遊戲規則，這樣的孩子是很難好好遵守的。他們將用不信任的眼光看著周遭熙來攘往的人們，他們將更容易孤立自己，並且逃避自己的任務。他們對人生的種種敵意的嗅覺和感受極為敏銳，也會加以放大。他們對人生黑暗面的興趣遠遠大於人生的光明面。他們大多會誇大這兩個極端，以至於終身都執著於作戰狀態，以吸引他人對他們特別的關注，也只會想到自己而不考慮他人。他們認為人生的種種要求是挫折而不是鼓勵，以敵對者的姿態、過度的疑慮看待一切經歷，因此他們的人際關係就出現了裂痕。他們和真理以及現實漸行漸遠，也一再和新的挫折糾纏不清。

如果孩子的家人缺乏一定程度的關愛的話，也會造成類似的挫折。這種狀況同樣會嚴重影響到小孩子的發展。他會沒辦法認識到愛，也不想要思考如何愛人，因為他的關愛本能沒能開展，也不理解身邊的人的存在，因而影響到他的人生態度。而如果這種關愛本能在家庭中沒能開展，那麼他長大以後就很難和他人積極交換任何意義下的友善和善意。對社群情感中關愛的表達和關係都加以逃避，將成為他的存在本質。但是另一方面，如果父母親、教養者或其他身邊的人，因為信奉某種教養信條，使孩子覺得關愛的情感是不適當或可笑的，那麼也會產生同樣的惡果。這種情況並不罕見：總是有人教小孩子把關愛的情感聯想成一種可笑的印象。時常被人嘲笑的孩子，特別容易有這種狀況。我們常看到這種孩子囿限於一種對情感的畏懼（Gefühlsscheu）；他們認為對他人一切的關愛情感和愛都是可笑的、**有失男子氣概的**，認為那種情感衝動會使他們矮人一截，被他人看不起。這種人在童年時期就已經替未來一切的愛情關係設下了限制。**冷酷無情的對待**，大抵上都會轉化成**嚴厲的教育方式**，它會忽視一切關愛的情感感受，使他們在童年時期就把這類情感鎖在內心深處，使他們脾氣不好、憤世嫉俗、杯弓蛇影，很快就會退出身邊的小圈子，儘管對這種孩子來說，擁有這個生活圈，把它納入自己的內心生活，是極其重要的事。這時候時常會出現一個人，只有他才能讓孩子打開心扉，而孩子也會和這個人建立極親密的關係。常常有人就是這樣長大的：他們完全只和某個人相濡以沫，於是再也沒有興趣和更多的人建立關係。以上述男孩為例：當他注意到母親偏愛自己的弟弟，從此就只能在生活中四處尋找那從幼年早期就失落的溫暖；這個例子告訴我們，這種人在生活中會遭遇怎樣的挫折。

這些人構成一個類型，他們的教養是在相當程度的壓力下進行的。

往另一個方向也可能出差錯：如果在教養過程中，由於過度的關愛和**嬌慣**（Verzärtelung），孩子的孺慕本能（Zärtlichkeitstrieb）過度發展，以至於依戀一個或少數幾個人，而不願意和他們分開。在這裡，由於各式各樣的錯誤手段，小孩子的孺慕往往會過度氾濫，以為成人對他的孺慕應該有些什麼回報。我們很容易觀察到，當成人對小孩說：「我對你這麼好，所以你也要做這件事或那件事。」這種事屢見不鮮，尤其是在家庭裡很容易氾濫。這樣的孩子很容易察覺他人對他的好感，也會用相同手段（強調自己的孺慕）強化別人對他的依賴。小孩子對家中一人燃起這種強烈的孺慕，都是必須要小心的現象。毫無疑問，這種單向關係對一個人的命運必定造成有害的影響。比如說，一個小孩子可能執著於對某個人的孺慕而無所不用其極，像是慫恿對手（大多是兄弟或姊妹）做壞事或是告密之類的手段，以便自己能獨享父母親的關愛。或者這樣的孩子會施加壓力，以便至少引起雙親對自己的關注，也會不擇手段地搶奪目光焦點，讓自己比其他人更重要。他也會誤入歧途，以使其他人花更多時間在他身上，或者他也會表現得很聽話，以得到他人如賞報一般的關注。這孩子的人生中便啟動了一種過程：一旦他的內心生活確定了一個方向，就沒有什麼東西不能被當成手段。他可以往無益的方向發展，只為了達到他的目標；他也可以變成極其聽話的孩子，只因為追求在他眼中有用的目標。我們經常觀察到，在一群孩子中，一個孩子會表現得桀敖不馴，以引起注意，而另一個孩子，不論是否比較聰明，則會特別順從，卻是為了達到同一個目的。

有些被寵壞的孩子，總會有人替他們排除困難，任何奇怪的行為，都會換來友善的微笑，不管多麼過分的事情，也不會遭到厲聲制止。這類孩子完全沒有機會預先練習如何在未來和有意願往來的人們建立正確的關係，更不用說是因為童年挫折而造成偏差、而在人際關係方面產生障礙的人。這種孩子沒有機會練習自己克服挫折，因此對未來人生的準備顯得捉襟見肘。一旦他們從溫室踏出去，直接面對充滿社會問題的人生，由於再也沒有人對他百般呵護，所以幾乎是一再遭遇挫折。

這些現象都有個共同之處，那就是這種孩子大抵上都會**被孤立**。比如說，消化器官有問題的孩子會產生飲食行為的異常現象，因此他們的成長也可能和其他正常的孩子有所不同。有劣勢器官的孩子會表現出不同於常人的行為方式，而這差異會漸漸使他們被孤立。我們會看到，這種孩子對與周遭關係的感受比較冷漠，甚至放棄任何關係。他們找不到同伴，因為他們活在自己裡面，和同儕遊戲時也會站得遠遠的，要麼嫉妒他們，要麼鄙視他們，一聲不響地自己玩自己的。至於在教養過程中壓力過大的孩子，比如家教太嚴厲的孩子，長大之後，也會有被孤立之虞。他們的人生也不會是一片光明，因為他們會覺得自己老是給人壞印象。他們要麼覺得自己是勉強被容忍的，對於各種挫折逆來順受，或者覺得周遭環境對他很不友善，而隨時要暴起攻擊別人。這些孩子覺得人生及其課題都充滿困難險阻，而我們也很容易了解，這種孩子往往會防衛心很強，緊緊守著他的界線，提防任何人闖進來，也總是用不信任的眼光去打量他的周遭世界。由於防衛心過度，他會不斷懷疑是否有更大的阻礙和危險，而沒辦法用輕鬆的態度面對失敗的命運。這些孩子另一個共同特徵，或者說社群情感不足的顯著表徵，就是只會想到自己而不會考慮到他人。我們在這裡清楚看到整個發展過程。這種人一般說來都會傾向悲觀主義的世界觀，無法從自己的人生裡找到喜悅，從他們錯誤的生活模式中找不到解脫，也無法展現勇氣和自信，後者是只有健全地融入團體的孩子才能發展出來的東西。

三、人是社會的動物

我們在前文指出，對於個體的人格，我們必須從他的處境出發，才有可能判斷與理解。所謂「處境」（Situation）指的是人在宇宙裡的位置（Stellung），以及他對周遭環境抱持的立場（Stellung），還有他對於必須持續面對的問題的態度，例如工作的問題、人際關係等等。在這個理路上，我們已經證實了，無論是嬰兒或日後的孩童與成人，對於他們人生態度影響最深遠的因素，其實是他對周遭環境形成的諸般印象。我們從僅僅幾個月大的嬰孩身上就看到這個孩子對人生會有什麼樣的態度。從這個時期開始，兩個嬰孩在人生態度上就已經南轅北轍了，因為每個嬰孩已經表現出鮮明的類型，而且這個類型會越來越明確，而他們的方向一旦固定下來就再也不會消失。小孩的心理發展會漸次透過社會關係去實現。接著天生的社群情感會顯出第一個跡象，由身體構造決定的孺慕衝動（Zärtlichkeitsregung）也會接著展開，於是孩子會試圖接近成人。我們總是能觀察到，小孩子努力想對他人表達他們的孺慕。這種孺慕會有不同程度的表現，在不同的人身上也有所不同。我們在兩足歲以上的孩子的語言裡也看到這種差異。群體歸屬感，即社群情感，將在孩子的內心裡生根茁壯，而且從此不再消失，除非他的內心生活產生最嚴重的病態退化。在此生中，這個情感會有細微改變，會有所縮限，或者在有利的情境下會向外擴張，不止於家庭成員，而且會延伸到部落、民族，以至於全人類。甚至還可以跨界擴及到動物、植物以及無生命的對象，最終甚至包括整個宇宙。

到這裡，我們在理解人性上的努力找到一個重要的據點。那就是，**我們了解到，人類必須被當成一個社群的動物去觀察。**

〔第四章〕外在世界的印象

一、普遍的世界觀

人類必須適應環境，這個事實限定了他接受印象的能力，而人的心理機制則有個特質，它永遠會追求一個目標，這兩點讓我們相信，一個人的世界觀（Weltbild）和理想原則（ideale Leitlinie）早在孩童的內心裡就出現了；其形態雖未完備，也無法用言語形容，但是隱約在我們熟悉而心領神會的領域裡漂浮著，也總是與一種缺陷感互相對立。心理活動只有在眼前有個目標時才會發生。而如前所述，目標的確立也必然以行動的可能性或行動的自由為前提。而透過所有的行動自由所得到的滿足更是不容小覷。第一次站起來走路的孩子，在這個片刻裡踏入一個全新的世界；他隱約感覺到敵意的氣氛。他靠自己的力量站起來，這股力量讓他對於未來更有希望；而他在最初的行動嘗試裡，特別是在學步的時候，可能遇到不同程度的困難或是很順遂。這種印象與事件對我們成年人來說或許稀鬆平常，卻會對孩童的內心生活造成極大的影響，尤其是影響到他的世界觀的形成。所以在行動時遭遇挫折的孩子，他心裡的理想模範往往會包含迅捷矯健的元素；如果你問孩子最喜歡什麼遊戲，或問他長大後想做什麼，就能很容易看出這點。他的回答（馬車夫、列車長或類似職業）意味著心裡的渴望，渴望擺脫一切由於行動不自由而造成的挫折，能到一個地方去，在那裡，他們不會有自卑感，不會被冷落忽視，而後者正是發展遲緩或不健全的孩子心裡特別會有的感受。我們也時常發現，由於眼睛的缺陷有視覺障礙的孩子，往往更加渴望掌握可見的世界，而聽力缺損的孩子往往只會偏好且理解悅耳的音調，簡言之，這使他們更有音樂細胞（像貝多芬）。

在孩子藉以戰勝服環境的各種器官之中，幫助他和外在世界建立不可分割的關係的，主要還是感覺器官。感覺器官協助他建立一個世界觀。其中最主要的是面對環境的眼睛。因為眼睛所面對的可見世界，是最讓人不得不注意的，也為他的經驗提供最主要的基礎。一個**視覺的世界觀**便於焉誕生；它的重要性是無可比擬的，因為它提供了持續存在的、穩定不變的對象，和其他感覺器官大異其趣，因為後者主要仰賴倏忽生滅的刺激來源，比如耳朵、鼻子、舌頭，也包括皮膚。然而對有些人來說，聽覺器官才是主角，並且為他們創造出和聽覺世界有關的心理能力（Seelenvermögen）（所謂的聽覺心理〔akustische Psyche〕）。而運動型人格（Motoriker）則比較罕見；這是指那些以運動和動作為最主要能力的人。再者，對嗅覺和味覺能力比較敏感的人，則屬於另一個類型，其中尤其是有嗅覺天賦的人，在我們的文化裡相當弱勢。再來就是有很多孩子受到運動器官的影響。有些生來肢體比較靈活，總是動個不停，長大後也一直靜不下來。他們很

〔56〕

在意需要肌肉運動去實現的成果，就算在睡眠中，這種運動的衝動（Tätigkeitsdrang）也不會停止；我們往往觀察到他們在床上急躁地滾來滾去，尤其是想要藉此引起母親的關愛。所謂「好動」（zappelig）的小孩也屬於這個類型；他們動個不停的表現往往被當成一種毛病。——一般說來，幾乎沒所有孩子是既使用眼睛和耳朵，也運用運動器官來面對生活，以便從習得的印象和能力去建立他們的世界觀。但是我們必須知道一個人在面對生活的時候最直接使用哪一種器官，才能真正理解他。因為所有關係在這裡都產生意義，也會影響到世界觀的成型以及孩童的發展。

二、世界觀的發展的種種元素

世界觀是在心理器官某些特殊能力的影響下成型的；而這些能力的選擇、鮮明程度及其作用，都是由一個人眼前的目標決定的。這也說明了為什麼對於生活、環境、事件等等對象，每個人都只會特別認知到其中的一個部分。對於它們的揀擇和利用，都取決於他眼前的目標。所以說，如果要理解人類的這個心理面向，就必須先了解到一個人隱藏在心裡的目標，並且認知到他的一切都受這個目標的影響。

外界的印象和刺激，透過感覺器官的傳達，在腦裡產生訊號，其中有些會留下痕跡。這些痕跡就是用以建立**想像世界**（Vorstellungswelt）和**回憶世界**（Welt der Erinnerung）的材料。不過人的感覺不能和照相機相比，而總是有人類的特色。我們不會對眼睛所看到的一切都有所知覺；而兩個看到相同景象的人，如果你問他們看到什麼，
[57] 也會有不同的回答。所以孩子只會從周遭世界裡感知到符合他的特質的訊息，而這特質是以前由於種種原因就已經成型的。所以說，對於視覺快感（Sehlust）特別敏感的孩子，他們的感官知覺就會以視覺為主，大多數人都屬於這個類型。但是也有些孩子是以聽覺去打造他們的世界觀的。如前所述，這些感官知覺並不一定和現實對應。一個人有能力依照他的特質的需求而改變和外在世界的接觸方式。所以，一個人感知到什麼，以及他以什麼方式感知，都取決於他的特質。感覺不只是物理的過程，它更是心理功能（seelische Funktion）。從一個人的感知內容、方式和環境，我們可以對他的內在世界做出深刻的推斷。

我們能確定，基本上是天生的心理器官，在發展能力方面和行動衝動以及實際的知覺有關。在目標取向的推動下，心理器官和人類身體構造的行動能力密切相關。人類必須在心理器官裡去把握、了解和外在世界的一切關係，而這個心理器官，作為一個適應

器官（Organ der Anpassung），也不得不發展出保衛個體所必要的其他能力，這些能力和他的生存息息相關。

我們現在明白，心理器官面對生命問題的回應，必然在心理發展過程中留下痕跡，而記憶和價值判斷的功能也必然會透過適應的傾向（Anpassungstendenz）而被催生出來。唯有形成足夠的記憶，一個人才能夠放眼未來。我們或許可以推斷，一切記憶本身都有個（無意識的）終極目的；這些記憶自由自在地生活在我們心裡，而且傳遞警告或鼓勵的訊號。無關緊要的記憶是不存在的。判斷記憶有什麼意義的唯一辦法，就是弄清楚作為其基礎的最終目的是什麼。為什麼有的事會留在記憶裡，有的會被遺忘，那都是有重要原因的。我們常常回想一些事，那是因為那些記憶對於維持心裡的某個方向是必須且有幫助的。而我們會忘掉一些事件，也是出於相同的原因。這也就是說，人的記憶能力也完全取決於眼前的目標，有目的地為它服務。一個持久的記憶，就算內容有誤，或者（就像大多數的童年記憶）有片面的判斷，但是如果對於追求目標有助益的話，就也可以從意識層面消失，而消融在他的**態度**、**感覺和觀點的形式**裡。

一個人的特質在他的想像裡表現得尤為明顯。這裡所謂的「想像」（Vorstellung）指的是，當對象不在眼前時，在心中重現對該對象的知覺。所以這是個複製的、只在腦海裡再度召喚出來的知覺，而這個事態再度突顯心理器官的創造力。那一度實際發生的、被內心的創造力影響過的知覺，這時候並非單純地重複出現，一個人會用它重新塑造出想像，而成為專屬於他的「創作」（Kunstwerk）；也就是說，那不是單純的反應，而是充滿創造性的「創作」。

有些想像的鮮明程度超乎尋常，而和真實的知覺不相上下，如此逼真，彷彿不是想像的，那實際上缺席的原本的對象歷歷在目。這時我們就稱它為**幻覺**（Halluzination），一種讓人誤以為是由真實對象產生的知覺。在這裡，上面所描述的條件同樣適用。幻覺也是心理器官創造的產物，是由當事人的目的形塑而成的。下面我們舉個例子來說明：

一位年輕而聰明的女生不顧父母的反對結婚了。父母親很不諒解這個婚姻，而和孩子斷絕關係。這個女生一直相信是父母親的錯；有人多次居中調解，但是由於雙方的自尊和堅持而以失敗告終。女方原本家世顯赫，結婚後卻經濟拮据。然而表面上完全看不出來她的婚姻有多麼不幸，也不會為女方的命運感到憂慮，如果不是後來女方開始出現一些異常現象的話。

她從小就是父親最寵愛的小孩。父女關係相當親密，大家都納悶怎麼可能發生這麼嚴重的決裂。不過在婚姻問題上，父親對女兒相當寒心，雙方的關係徹底決裂。即便生了小孩，女方的父母親也不肯探望孫子，或是和女兒和解；而這個自尊心極高的女兒也對父母的態度完全無法接受，因為她在這件事情上顯然受到不當的對待，使得她非常受傷。

我們必須特別注意，這個女生的心情完全是被她的自尊心所左右的。唯有這個性格特質才能解釋，為什麼她對於和父母的關係破裂如此難以忍受。她的母親是個嚴格且正直的女性；她做人無可挑剔，對女兒卻很嚴厲。她也懂得如何（至少在外表上）服從先生，卻不因此損及自己的地位。她甚至會炫耀自己對先生的服從。他們家中還有個兒子，他是這個顯赫的家族的唯一繼承者，在家中的地位顯然比女兒高，這又讓女兒的自尊心更加強烈。再加上女兒在婚後遭遇到以前無法想像的生活齟齬和經濟拮据，使得她每次想到父母對自己的不公平時就怫恚不已。

有一天晚上，她在寤寐之間看到以下的景象：房間的門打開了，聖母臨到她眼前對她說：「孩子，我很歡喜妳，所以我要來告訴妳，妳十二月中旬就要死了；妳應該準備一下了。」

她雖然不覺得驚嚇，但還是叫醒了先生，對他講述了一切。第二天醫生也得知了狀況。那顯然是個幻覺。但是這個女生堅持自己是真的看到也聽到了。這乍看之下是不可理解的。只有當我們套上關鍵的線索，才能得到一定程度的解釋。她因為和父母決裂而生活困苦，但是自尊心很強，而且（根據我們問診的結果）一向對所有人都存著優越感。於是我們明白了，當一個人困在一個處境而又想要突圍時，往往會想要求神問卜。但是聖母原本應該只是她的想像，就像一般人的禱告，沒有人會覺得這有什麼奇怪。但是這對她是不夠的。她需要比這個更強大的東西。如果我們了解，人的內心有能力變出這種戲法，那麼這就沒有什麼不可思議的。難道每個做夢的人不都是處在類似的狀態嗎？差別只是這個女生是在清醒的狀態下做夢。此外我們還必須考慮到，她的好勝心由於一種屈辱的感覺而被逼到臨界狀態。於是我們突然發現，那個出現在她夢裡的，其實是她的另外一位母親，而且還是在民眾心目中更慈愛的母親。這兩個母親構成某種對立。聖母之所以出現，是因為她自己的母親一直不肯見她。這個幻象彷彿是個控訴，指出了自己的母親沒有給她母愛。這個女生顯然很想把一切的不幸都歸咎於父母親。十二月中旬也不是毫無意義的時間。那是一年當中人們家庭團聚的時候；人們會彼此噓寒問暖、互相交換禮物之類；這也是人們和解的好時機，於是我們看到，十二月中旬的這個時間點和這個年輕女生的人生問題是有一定關聯的。

到這裡只剩下一件事令人訝異，那就是聖母慈愛的降臨中還伴隨著一個不協調的聲音：即將死亡的宣告。而這個女生開心地告訴先生這件事，也必定意味著什麼。而且這個死亡的預告甚至傳到家庭的圈子之外，第二天醫生就得知此事。至此，要讓母親來看她，已經不是很難的事了。但是幾天之後，聖母第二次出現了，又說了相同的話。我問她，和母親見面的事後來怎麼了？這位年輕女士說，她的母親硬是不能理解自己有什麼錯。所以這個熟悉的主題又出現了。問題還是在於她沒辦法在母親面前佔上風。於是我們嘗試對她父親說明情況，終於促成父親和她見面，過程也非常好，結束時還上演了感人的一幕。可是這個女生還是一直不能滿足，因為她說，父親的性格裡有些做戲表演的元素。而且為什麼爸爸要讓她等那麼久！她這種分派別人不是、自認為有理、要當勝利者的傾向，仍然沒有改變。

根據以上敘述，我們可以說：幻覺出現在心理緊張的情況下，人會害怕自己離目標越來越遠。無疑的，不管是從前或是現在某些發展落後的地區，這種幻覺都能夠產生重大的影響。一些特定的幻覺，如旅遊文學中常見到的，都是在曠野裡會遭遇的現象，比如說陷入飢餓、缺水、疲倦、迷路之類的困境。這種重大危難造成的緊張狀態，會迫使受難者用生動鮮明的想像抽離眼前的困厄，陶醉在一個欣快的情境裡。這種情境使疲倦者振作精神，使動搖者燃起勇氣，使他們更堅強、更加不為所動，或者發揮如止痛藥膏或麻醉劑一般的效用。

我們必須說，幻覺現象基本上不是什麼新東西，因為我們在感覺、回憶以及想像中看到類似的對象，也會在夢境中重新見到。只要多一點想像力、關掉判別能力，這種表現是很容易達成的。但是我們要強調的一點是，觸發這種表現的，總是很特殊的處境。那是在困境裡、在暴力威脅的印象下形成的，特別是當這個人竭力想要克服自己的弱勢感。如果困境的張力大到一個程度，判別力就會開始失去效用。然後一個想像，根據「不擇手段自救」的原則，在心理器官竭盡所能的呈現之下，就過渡到幻覺的形式了。

和幻覺近似的是**錯覺**（Illusion）。差別在於後者有個外在的附著點，只不過以奇怪的方式搞錯了，例如歌德的《仙子國王》（*Erlkönig*）[1]。其基礎則是相同的，都是建立在心理的緊急狀態上。

接下來的案例要說明，心理器官的創造力可以在緊急狀態下製造出幻覺或錯覺來。一位家世顯赫的先生，由於教育的問題而一事無成，只能擔任基層的辦事員。對於未來是否功成名就，他已經不抱任何希望。失志之情讓他鬱鬱寡歡，而周遭的人對他的

1 譯注：歌德此詩描述一位父親騎馬帶著病危的孩子趕回村莊。在重病之下，孩子把沿路森林中的景象，比如樹枝等，看成要來把他抓走的仙子國王。

指責更是讓他內心感到很大的壓力。於是他開始酗酒，為自己的失敗尋找逃避的藉口。不久之後他就因為譫妄（Delirium）而住院。譫妄基本上是和幻覺很接近的現象。酗酒者最常見的譫妄，是看見老鼠或一些黑色動物。其他形式的幻覺也時有所見，主要和患者的職業有關。醫治這位病人的幾位醫生都是堅決反對飲酒的人，也對他耳提面命一定要戒酒。後來他真的戒了酒而健康地離開醫院，三年之久都沒再碰酒精。但是後來他又因為其他的問題回到醫院了。這次他說，他在工作的時候（他現在是挖土工人）一直看到有個男人出現，咧著嘴譏笑他。有一次他真的生氣了，就拿個工具丟他，看他是不是真實的人。結果那個人彎身躲開了飛來的工具，撲過來把他打了一頓。

這個案例已經不能說是幻影或幻覺，因為那個人擁有十分真實的拳頭。但是這並不難解釋：他確實有了幻覺，但是他丟的是個真正的人。後來我們知道，他上次出院後雖然戒了酒，但是生活繼續走下坡。他丟掉了辦事員的工作，被趕出家門，找了個挖土的工作勉強過活；不論是親友甚或他自己，都覺得那是再低賤也不過的工作。他所承受的內心壓力並沒有消失。戒酒對旁人來說也許很有幫助，對他而言卻是少了一種安慰。他在應付第一份工作時就是借酒澆愁。當家人責罵他一事無成時，為酗酒挨罵至少不像為了無能挨罵那樣令他痛苦。但是在戒了酒之後，他必須再度面對現實，而情況並不比先前更輕鬆或緩解。如果他的生涯還是毫無進展，那這次他連喝酒誤事的藉口都沒有了。在這種內心的困境裡，幻覺就再度出現了。他又逃遁到以前的情境裡，彷彿自己一直是原來那個酒鬼，並且認為都是酗酒害了他的一生，至此已經不可能好轉了。當一個病人，就可以不必從事那個低下而受人鄙視的新工作，而且他不必自己做決定要不要辭職。所以上述的症狀才不斷出現，直到有人又把他送進醫院為止。這時他可以安慰自己說，要不是再度酗酒，他原本可以有更好的成就的。這麼一來，他對自己的人格仍然可以感覺良好。不讓自己消沉、堅信自己要不是遭遇不幸，原本可以有更高的成就，這對他來說比工作本身重要得多。於是他建立了他的「權力軸線」（Machtlinie）；從此他可以認定其他人並不比他更好，只是他遇到了重大困境而無法排除。在這種尋求自我安慰的藉口的心情裡，他看到那個譏笑他的男人的幻象，猶如看到救贖一般。

三、幻想

心理器官還有另一個匠心獨運的能力，那就是幻想（Fantasie）。在前述的所有現象中，都能找到幻想的蛛絲馬跡。幻想也是一種心理的活動過程（Bewegungsprozess），類

[63]

似於內心的其他能力，比如喚起某個回憶，或者建構某些想像。幻想的核心要素是「願景」（Voraussicht）；任何活動中的器官基本上都有這種元素。幻想也和身體構造的運動能力有關；它本身不外乎就是這「願景」的一種形式。即便我們說兒童與成人的幻想（也有人稱為**白日夢**）是空中閣樓，那也總是關係到未來的想像；每個人朝著他的願景前進，並以各自的方式試著拓展這個願景。

在檢視兒童的幻想時，我們發現，權力遊戲是個重要而顯著的因素，而且往往反映出他的雄心壯志。大部分的兒童幻想的開頭，都是「當我長大以後，我要……」之類的話。也有些成年人仍然有這種想像，好像他們還會長大一樣。這條權力軸線的明確表現再度顯示，唯有在設定目標之後，人的心理生活才能開展。在人類文化裡，這個目標就是**受到重視**（Geltung）。無關痛癢的目標幾乎是不會有的，因為人類的共同生活總是伴隨著永不停止的互相較量；在其中，人人渴望**佔上風**，在競爭中成為勝利者。於是我們才能明白，為什麼我們在兒童的幻想中看到的「願景」，清一色都是**權力想像**（Machtvorstellung）。

這些想像的範圍以及幻想的程度，是沒有規則可言的，或者換句話說：我們在這裡同樣不能掉入一概而論的錯誤。上面的描述適用於很多案例，但是某些例子的性質則全然不同。我們很容易了解，那些以敵意的眼光面對真實生活的孩子，往往比較容易耽於幻想，防衛心也比較強。比較弱小的孩子，在生活中往往遭遇到更多的挫折，他們的幻想會比較多，也更耽溺其中。他們會發展到下一個階段：透過幻想逃避真實的生活，甚至成為排斥真實生活的工具。於是幻想成為一個人的權力鴉片，讓他逃脫卑微的生活。

我們在這些幻想中不只看得到權力軸線，社群情感在其中也扮演重要的角色。兒童的幻想幾乎從來都不只是施展其力量而已，他們也會幻想自己能夠造福他人。有些孩子幻想自己是個救世主、救生員、打敗危害人類的怪獸的英雄之類的。我們往往看到一種小孩，他們會幻想自己不是出身自己的原生家庭。許多孩子會一直認為自己出生在另外一個家庭，到了真相大白的那一天，那個真正的爸爸（而且總是某位偉大人物）會來把他們接走。這種幻想最常出現在自卑感很強的孩子身上；他們挨餓受凍、遭人歧視，或是抱怨得不到溫暖。這些孩子的外在表現往往會透露他們偉大抱負的幻想，比如說裝出大人的模樣。當這種幻想接近病態時，你會看到孩子特別喜歡男士禮帽或香菸頭，或者女孩子表現得像男人一樣。許多有這種心態的女孩子，在舉止和衣著偏好方面會比較男性化。

另外也有些孩子，家人擔心他們不怎麼幻想。這當然是個錯誤的看法。這樣的孩子要麼只是不表現出來，要麼有些原因使他必須抑制幻想。他可能在其中感到自己力量強大。在努力適應現實的過程中，小孩子可能覺得幻想代表著欠缺男子氣概或幼稚，因此不願意接受它。在某些案例裡，小孩完全拒絕幻想的存在，以至於他的幻想能力宛如完全消失一般。

四、夢（概說）

除了上述的白日夢，還有個很早就出現的現象，它的影響也無遠弗屆，那就是做夢。一般說來，我們可以確認，小孩子做夢時和白日夢很接近。以前的心理學家就已經指出，一個人的性格很容易從他的夢境中解讀出來。事實上，每個時代的人們不斷思索著夢的現象。當一個人抱著種種願景，想要為未來築路時，總會有個伴隨現象，也就是白日夢，同樣的，他在夜裡也會做夢。然而這其中有個顯著的差異：白日夢在必要時還是能理解，但是夢境則不然。這種不可理解的特質非常令人納悶；有些人甚至貿然猜測說，夢的現象對於人來說是完全多餘的。我們必須先強調一點：一個想把握未來、並努力以自己的方式解決眼前問題的人，他的權力軸線同樣也會反映在夢境中。夢境是我們觀察人類內心生活的重要依據；後面我們還會再回到這個問題。

五、移情

「願景」對有行動能力的生物來說，是不可或缺的必要條件，因為他們一直得面對未來的問題。心理器官有一種能力，不只是感覺現實的東西，更能感覺到未來的大致狀況，或者猜測另一個人的內心活動。我們稱這種心理過程為「移情」（Einfühlung）[2]。這種能力在人類這個物種上特別發達。這種心理過程牽涉甚廣，我們在內心生活裡處處可見。其存在同時也是願景的必要條件；因為，如果我不得不想像和猜測我在一個即將出現的問題中該如何作為，那麼我也一定得確知我在這個還沒成熟的情境中可能有什麼感受。我必須整理自己對於將臨的處境的思考、感受和感覺，我才能採取一個立場，比方說，努力爭取一件事或者小心避開它。光是與某人說話，就已經有移情現象。如果沒有設身處地的移情作用，我們就不可能和他人溝通。在**戲劇**裡，我們看到移情現象會有

2 編按：這裡的移情指的是感受對方的感受的能力，比較接近同理心。另一個譯名相同的「移情」（transference）則是指個案在諮商中將過去的情感投射到治療師身上，又譯為情感轉移。

藝術方式的表現。在其他產生移情現象的例子，比如看到別人遇到危險，會有一種莫名的感覺襲上心頭。有時候這種移情作用會很強烈，一個人即使沒有遭受池魚之殃，還是會不自主地做出防衛的動作。我們也都知道，當一個人不小心讓玻璃杯砸在地上時，會不由自主地把手抽回來。在打保齡球時，我們往往看到有些人把球滾出去之後，身體還跟著球一起動作，彷彿要用整個身體來影響保齡球的行進一樣。其他移情現象還包括：當我們看到有人在高樓外牆上清洗窗戶，或者看到台上的演講者忘了詞，都會為他捏一把冷汗。在觀賞戲劇時，我們都難免會融入劇中人物的處境，在內心裡一起演出各種角色。——我們一切體驗都和移情現象密不可分。

如果要問，這種移情功能、這種設身處地去感受的可能性，是從哪裡來的，那麼就必須從天生的社群情感去解釋。基本上，那是一種宇宙的情感，是宇宙萬物互依互恃的事實在我們心中的反映；我們不但無法完全擺脫，甚至因而得到一種設身處地為他人著想的能力。

跟社群情感一樣，移情作用也有各種不同的強度；我們從兒童時期就可以觀察到這點。有些孩子非常喜歡玩布偶，彷彿它們都是活生生的人；但也有些孩子只想剖開布偶看看裡面有什麼東西。如果孩子失去和他人建立社群關係的興趣，而轉而關注無生命的對象或價值更低的事物，那麼他的發展甚至可能完全失敗。我們往往會看到孩子虐待動物。唯一可設想的假設是，這種孩子幾乎無法設身處地感受其他物種，或者反之，他們是刻意要揣想其他物種的恐懼和痛苦。長此以往，這種孩子甚至可能只關心一些無助於社會發展的事物，對其他人的利益視而不見，完全只想到自己。所有這些現象都和移情能力的不足有關。這種移情能力的缺乏最終可能使他們拒絕接受任何合作。

六、對他人施加影響（催眠與暗示）

一個人究竟為什麼可以影響其他人？個體心理學的答案是，那和人類相互關係的現象有關。我們終其一生都活在一個前提下：人與人的相互作用是可能的。在某些情況裡，這種作用尤其顯著，比如老師和學生、父母和孩子、先生和太太之間。在社群情感的影響下，一個人會起作用，另一人也會配合到某種程度。然而可以影響到什麼程度，則取決於一個關鍵：影響者是否能夠保護受影響者的權益（至少在表面上）。一直損害一個人，又要長久維持對他的影響力，那是絕不可能的。所以最能影響一個人的方式，就是讓他感覺到他的權益受到保障。對教育來說，這是特別重要的著眼點。不會有其他形式的教育，也根本行不通。從這個著眼點出發的教育，之所以會有成效，那是因為這種教育結合了人性最基本的元素：群體的歸屬感。這種教育只在一個情況下無能為力，那就是受教育者一心想掙脫社會的影響。而且這也不是一個人輕易就能做的事，而是必須先經歷長時間的掙扎，直到和周遭社會的關係漸漸斷裂，以至於懷著敵意站到社群情感的反面去了。這時候再要影響就很困難了，甚或完全不可能，你只會看到一齣對抗的戲碼：任何人想影響他，都只會導致反彈（即所謂的對抗意識〔Oppositionsgeist〕）。

所以如果孩子感覺到周遭世界在壓迫他，那麼我們可以想見這個孩子在接受教育者的影響時，他的能力和意願都會比較低。雖然在許多案例裡，外來的壓力太大，而使得孩子放棄抵抗，表面上接受和服從所有的影響。但是我們很快就會發現，這種**服從**是沒有任何價值的。有時候這種服從實在太荒誕了，使得孩子不會過自己的生活（即盲目而絕對的服從）；你只會看到，他永遠是一個口令一個動作。但是這種高度的臣服其實是很危險的，因為這種孩子往往會發展成唯命是從的類型，甚至可以被命令去犯罪。他們在**幫派**裡往往扮演令人髮指的角色，因為出手的總是他們，而幫派的首腦大多都站在遠處。幾乎所有舉世譁然的幫派犯罪事件，動手犯案的都是這種人。他們服從命令的程度令人不可置信，他們甚至還會為此感到驕傲。

但是如果我們限縮在正常的案例，我們就可以說，最願意接受影響、最願意互相理解、也最能回應期待的，是那些在社群情感方面最健全的孩子；而在這些方面狀況最差的，則是那些好勝心和優越感特別強烈的孩子。我們的所有觀察都證實這點。如果父母抱怨他們的小孩，那麼很少是因為他們盲目服從，而是因為他們不聽話。對這種孩子的研究顯示，他們其實是努力想要超越他們的環境，所以會去打破他們小小人生的規範，而且由於遭受錯誤的對待方式，教育的干預已經難以約束他們。所以，對權力的強烈渴望就和可教性成反比。儘管如此，我們的家庭教育還是注重激發孩子的好勝心，灌輸他種種偉大的抱負。這不是因為缺乏深思熟慮，而是因為我們的整個文化都充滿這種讚美偉大抱負的傾向，使得家庭也期望他們功成名就，在某些面向上超越其他人。在討論虛榮的章節裡，我們將進一步闡明，這種好勝心的教育方法是多麼不當，以及在這個問題上，內心生活的發展會因為遭遇哪些挫折而失敗。

接下來談催眠。上面提到，有些人會有無條件服從的傾向，對於環境的要求俯首貼耳，而每個**受催眠者**（Medium）的處境其實也相去不遠。你只要下個決心，在一段時間裡，無論別人叫你做什麼你都去做，就知道那是怎麼回事了。催眠（Hypnose）的準備工作基本上也是類似的過程。一般說來有下面幾點需要注意：有人會說他有被催眠的意願

（或自以為如此），但是內心其實缺乏臣服的準備。然後也有人可以堅決地抵抗催眠，可是內心卻輕易就臣服。在催眠時，重點完全落在受催眠者的心理狀態上，而跟他所說或所相信的沒有關係。由於弄不清楚這件事實，導致了很大的誤會，因為我們在催眠的時候，遇到的大多數人都是看似十分抗拒，最後卻心甘情願地順從了催眠者（Hypnotiseur）的要求。而這種服從的意願止於各種不同的程度，以至於催眠的結果在每個人身上都不盡相同。不過這種被催眠意願的強弱，從來不會受催眠者的意志決定，而是取決於受催眠者的心理狀態。

至於催眠的本質，則是睡眠狀態的一種。催眠之所以看起來莫測高深，那是因為這種睡眠狀態首先得被製造出來，先得在另外一人的指示下進行。而這個指示只有在一個情況下能生效，那就是對方有接受的意願。其中的關鍵則取決於受催眠者人格的本質和發展。只有當一個人真的傾向於不加批判地受人擺佈時，你才能在他身上喚起這種奇特的睡眠狀態；而這種狀態有別於自然的睡眠，用意在於關掉他的行動能力，而且關得如此徹底，到最後連他的行動中樞都能受到催眠者的控制。那不再是正常的睡眠，而只是一種神智不清的狀態，而且受催眠者對於催眠的過程能夠保留什麼記憶，也由催眠者決定。批判能力（對我們的文化來說，是心理器官最重要的成就）也是被關掉最徹底的。於是受催眠者可說是成了催眠者的延伸的手，成了他的工具，並且依照他的指令做任何事。

那些喜歡影響他人的人，都會把這種能力（以及一切影響他人的可能性）歸因於一種神祕的氣場（Fluidum）、一股特殊的力量，並號稱這是只有他們才具備的能力。於是我們看到許多誇張的蠢事和鬧劇，特別是心電感應者和催眠大師令人反胃的荒誕表演。關於這些人，我們真應該說，他們恣意踐踏人的尊嚴，為了阻止他們作惡，任何手段都不為過。但我們並不是說，他們所展示的現象完全只是騙人的把戲。不是的。人類這種生物確實是習於臣服，就連一個明目張膽的**斂財行為**也能讓他們上當，只因為大多數人渾渾噩噩地過日子，習於不經檢驗就順從、承認權威、對虛張聲勢者感到著迷、不加批判地屈服於人，這一切當然不能給人類的共同生活創造秩序，而是一再引發屈服者事後的反彈。到現在為止，還不曾有過一個心電感應者或催眠大師的實驗可以長時間不失敗的。他們碰上的那個人，那個所謂的被催眠者，往往把他們「耍得團團轉」。有些著名的科學家在對受試者測試時，也會遇到這種狀況。有時也會出現一些混合的案例，受催眠者可說是個被騙的騙子，既做假又順從。但是那種看起來能催眠人的力量，從來不是屬於催眠者的，而總是來自受催眠者願意服從的傾向；影響被催眠者的，並不是魔力，而頂多只是催眠者虛張聲勢的技巧。如果一個人習慣獨立思考，不隨便讓別人替他做決

[70]

定，那麼他當然是無法被催眠的，也永遠不會幫忙證明心電感應的神奇現象。因為所有這些現象不過是盲從和人格脆弱的表現而已。

在這個脈絡下值得一提的是**暗示**（Suggestion）。我們必須在廣義下把它歸類於一種印象，才能夠了解這個現象。我們都知道，人不只會接收印象，而也總是受到印象的影響。印象的吸收並不是一件小事，而是會持續發揮作用的。如果這些印象是另一個人所做的要求，或者想使他確信某事或改變心意的嘗試，那麼我們就稱之為暗示。它的目的是改變或加強受試者原本鮮明的觀點。但是更困難的問題其實在於，不同的人對外來印象的反應都不同。這種影響也和當事人的獨立思考的程度有關。在這裡，有兩種類型特別值得注意。第一種人習慣高估別人的意見，對自己見解的正確性沒有信心，不論那見解實際上是對或錯。他們把其他人看得太重要，以至於輕易附和別人的意見。這種人就是清醒暗示和催眠術絕佳的對象。另一類型的人則會認為外來的一切都是一種冒犯，只有自己的意見才是正確，對其他人的說法都不以為然，至於那些說法實際上是對或錯則毫不重要。兩種類型都有一種弱勢感；第二種的弱勢感是無法忍受自己接受他人任何意見。我們時常遇到這種人，他們很容易跟人起衝突，而且自以為容易受到他人的暗示的影響。可是這個看法只會讓人更無法接近，所以要跟他們做任何交涉都很困難。

〔第五章〕

自卑感和追求認可

一、幼年早期的處境

我們現在終於可以了解，那些沒有被大自然眷顧的孩子，對於生活和他人的態度往往不同於很小就感受到生活的喜悅的孩子。原則上我們可以確定：所有**在器官上劣勢**的孩子，都很容易捲入和生活的戰爭，其社群情感因此受到抑制，這些人傾向於一種性格模式，他們總是很關注自己，以及自己在他人面前的印象，而不在意他人的利益。這劣勢器官造成的問題和孩子所承受的外在影響如出一轍：有些外在影響多少會讓孩子感受到沉重的壓力，使他對環境產生敵對的態度。兒童發展的轉捩點很早就會出現。在出生第二年的時候我們就能看到，這種孩子比較不會覺得自己和其他孩子條件相同、能力相當或權利平等，也比較不願意接近他們或一起做點什麼事。這種孩子出於一種（由於多方面缺陷而形成的）矮人一截（Verkürztheit）的感覺，習慣表現出比其他小孩更強烈的期待和要求。每個孩子基本上在生活面前都是處於劣勢的，若不是因為身邊的人強烈的社群情感，他們根本無法存活；嬰孩長時間都處在弱小和無助中，會讓他覺得自己很難克服生存問題，如果我們考慮這些問題，就應該會認為，在每個人內心生活的開端，都存在一個深藏在心裡的**自卑感**。它也是個動力，不但推動孩子的一切努力和發展，也為他設定一個目標，期待未來生活中能擁有平靜和保障，而且還強迫他選擇看起來能達到這個目標的道路。

小孩子的**可教性**（Erziehbarkeit）就是以這種獨特的生命態度為基礎（這態度與小孩子的器官能力息息相關，也有一部分取決於這些能力）。但是，即便一般說來，每個孩子都有這種自卑感，但他的可教性還是受到兩個元素所左右。第一個是一種強化的、更劇烈的、更持久的自卑感。其二則是他所設定的目標不再只是平靜、安全和地位平等的保障，而是要**追求權力**（Streben nach Macht），也就是追求超越環境的優勢地位。選擇這條路的個體處處可見。他們的可教性程度變低，因為他們處處都覺得受到歧視，認為自己的天賦比不上別人，而且真的也時常遭到他人（不論有理還是無理的）冷落。我們仔細審視這些關係就會看到，一個偏差的、遭到各種挫敗的人格如何在難以扭轉的情勢下發展出來。

基本上，每個孩子都面臨這個危險，因為所有孩子都處在這種情境。由於小孩子生來受到成人的呵護，所以會傾向覺得自己幼小而弱勢，也覺得自己是有缺陷的、低人一等的。出於這種心態，孩子會相信自己沒有能力勝任別人交代的任務，至少沒辦法像人們要求的俐落和準確。早在這個環節上，就已經出現了大多數的教育錯誤。由於人們要求太高，使得孩子更加意識到自己一無是處。有些孩子甚至無時無刻不被提醒自己的無足輕重、弱小和劣等地位。也有些孩子被當成玩物、娛樂、必須特別保護的財物，或者是麻煩的累贅。很多時候，這些情況還會同時出現；孩子處處發現自己的存在只是為了讓成人開心或厭惡。於是，孩子心裡會生起深層的自卑感，它會透過我們生活的特質而越演越烈。比如說，大人習慣輕忽孩子，讓孩子意會到他其實什麼都不是、什麼權利都沒有、在成人面前永遠要退讓、安靜之類的。雖然大人說的不無道理，可是他們的方式相當粗暴，難怪小孩子會為此激動和惱怒。此外，許多孩子都在一種揮之不去的憂慮中長大，他們擔心不管做什麼事都會被嘲笑。這種嘲笑小孩子的惡習對孩童的發展是極其有害的。孩子對於被嘲笑的恐懼會持續到人生晚年；許多人在成年之後也一直無法擺脫。另外一種習慣也同樣有害，那就是不把孩子的問題當真，而隨便哄騙他們；這會使孩子不想認真面對環境和人生。在一些案例中，孩子在剛開始上學的時候，坐在板凳上一直笑，有些人最後會說，他們覺得上學這回事其實是爸媽跟他們開的玩笑，沒什麼好當真的。

二、自卑感的補償，對認可和優越的追求

自卑感、不安全感以及缺陷感，會迫使人在生活中設定目標，也協助他形塑這個目標。早在出生的頭幾天裡，我們就能看到小孩子迫切地想引起重視，想要吸引和強迫父母關注。這就是人類喚醒其對於認可的渴望（Geltungsstreben）的最早表徵。對於認可的渴望是受到自卑感的影響才發展出來的，也會引導孩子替自己設定一個目標，要顯得比別人更優越。

這種追求優越的目標，其設定和塑造也會受到社群情感的強弱影響。我們在判斷任何人之前，不論是孩子還是成人，都必須先把他內心的社群情感的強弱，以及他追求權力和優越的熱切程度，拿來做個比較。目標之設定是為了使他感到優越，或者提升自己的人格，使他覺得有活下去的價值。這個目標也讓種種感受有其價值，引導且影響感官知覺、型塑想像，並且主導我們的創造力（我們創造想像、型塑或排除記憶的能力）。我們的感受其實沒有絕對的標準，而是受到被那個充斥在內心生活裡的對目標的渴望影響；我們的感官知覺也總是有選擇性的、有個特定且祕密的目的，我們的想像也不是絕對的，而是受到這個目標影響，我們的任何經歷也是只擷取看起來適合我們的面向，總

是關注我們的目標，考慮到以上種種現象，那麼就不難明白，內心生活裡的一切都是相對的，所謂不變而確定的價值，那都只是假象。就像**小說**一樣，我們以真正的創造力，緊抓著一個不變的、但是在真實世界中不存在的支點。這個認定基本上是出於人類內心生活的一種缺陷，所以很像是在科學界或生活中會做的事，比如像是用經緯線來畫分地球：經緯線實際上並不存在，但是作為一種假設，則有很大的價值。在所有心理虛構的情況裡，相關的現象都要這樣看：我們會假定有個固定不變的支點，雖然那個點其實並不存在。但是我們之所以如此做，只是為了在一團混亂的生活中找出一個**定向**（Orientierung），才能盱衡一切。一切現象，從感受開始，都會被納入一個可評估的領域裡；在其中我們也可以採取行動。我們在觀察人的內心生活時，會假定一個固定不變的目標，這麼做其實有它的好處。

於是，從個體心理學的這整個觀念範圍裡，就發展出一種啟發式研究法（heuristische Methode）：首先如此觀察與了解人的內心生活，好像那是從天生的能力出發，在一個目標設定的影響之下，成長為日後的模樣。然而我們的經驗和印象卻讓我們相信：這種啟發式研究法不只是研究的輔助工具，它在基本框架上和心理發展的真實過程若合符節，不論那些心理過程是意識層面的，或是必須從無意識推斷得到的。人的心理（Psyche）的目的取向因此不僅僅是我們的觀看形式，同時也是個基本事實。

至於如果有人問，**個人權力的追求**（人類文化中最顯著的禍害），該如何加以應對和反制才最有效，那麼我們要說，困難在於這種渴望早在童年時期就浮現，但是這時候你還很難跟小孩子說道理。要很久之後，你才能和他把問題釐清，並且改善發展的偏差。然而在童年時期，和孩子的相處仍能讓每個孩子心裡都有的社群情感有機會開展，使他的權力渴望不會過度強烈。

還有一個困難是，即便是孩子，也不會坦率地講出他們的權力渴望，而會加以隱藏，並且以善意和關愛為偽裝，暗地裡遂行其意志。由於害羞，他們會避免被揭穿。沒有節制的權力渴望不斷強化之後，會使得兒童內心生活的發展產生偏差，其結果是，由於對於安全和權力的渴望過度強烈，使得勇氣變成放肆，服從變成軟弱，孺慕變成想盡辦法迎合、順從和屈服他人。同時，所有這些性格特徵，除了顯露的特質之外，還包括一種追求優越的狡猾欲望。

理想的兒童教育的重點是，在有意識或無意識的動機下，幫助兒童從不安全感中走出來，讓他擁有技能、知識、訓練有素的理解力以及對他人的關心和興趣，以面對他的人生。所有這些措施，不論是由哪一方面提供的，首先都必須是要幫助成長中的孩子找到新的道路，讓他能擺脫不安全感和自卑感，或者轉化這些東西，讓他不至於無法忍受。從孩子的性格特徵，可以看出他的心理活動，因為當孩子和環境建立關係時，那些特徵就是小孩內心事件的外在表達。

不安全感和自卑感的**影響程度**，主要取決於小孩子對它們的**觀感**。確實，他的劣勢在客觀上的程度並非不重要，孩子也一定會有明顯感受。但是我們不能期待小孩子在這個面向上也會做出正確的評估；這就算對成年人來說也是很難做到的事。因此，**我們的認知**就面臨了很大的困難。有的孩子在非常複雜的背景下成長，於是他對劣勢和不安全感的程度會有錯誤的評估，那幾乎是理所當然的。也有的能夠比較正確地評估他的處境。不過整體來說，我們總是必須把孩子的**感覺**納入考量，這個感覺每天都在變動，最後會以某種方式穩定下來，並表現為一種**自我評價**（Selbsteinschätzung）。如果最後產生的自我評價不同，那麼孩子因為他的自卑感而渴望求的補償，即所謂**補償作用**（Kompensation），也會不一樣；而他的目標設定也會有對應的調整。

渴望補償的心理機制，以及心理器官對於讓他痛苦的自卑感的努力補償，很類似人的身體器官。人們已經證實，如果生活所需的器官有所缺損，只要這些器官還不至完全損壞的話，就會極力擴大其作用以回應這個缺損。所以血液循環如果阻塞，心臟就會用更大的力量工作；它會用全身的力量，同時心臟本身也會變大，增長的幅度超過正常運作的心臟。同樣的，在身材矮小、弱勢、自卑感的壓力下，心理器官也會極力要戰勝它們並加以排除。

但是如果自卑感特別嚴重，那麼孩子就可能因為害怕未來再怎麼補償也無法滿足，而會做出過度的反應（所謂的**過度補償**〔Überkompensation〕）。他對權力與優越的渴望會過度激發，而強烈到病態的程度。對這類小孩來說，生活中平常的人際關係是不夠的。他們給自己設定極高的目標，因此在行為上引人側目。他們會很急躁，其衝動遠比一般人強烈得多，無視周遭的存在，努力確保自己的地位。如此一來，他們會妨礙他人的生活，也自然地迫使其他人自我防衛。他們反對所有人，也被所有人反對。這不一定開始就很嚴重。這種孩子可能長期以來循規蹈矩，從外面看起來毫無問題；他可能會先隱藏那個漸漸增長的性格特徵，也就是好勝心，所以還不至於和其他人發生正面的衝突。但是我們將一再看到，他的準備工作不會讓任何人很開心，也不會有什麼幫助，因為他選擇的路看起來和我們的文化不相容。他們的好勝心在童年時期完全不能得到什麼有建設性的結果，通常只能不斷激化，長大以後就會不斷干擾且冒犯別人。此外還有些陸續出現的現象；這些東西在一個社會有機體（例如人類社會）的框架下已經可以稱得上是敵意。這些東西特別包括虛榮、傲慢、不計代價也要壓倒他人，這個時候的個體已經不再是追求更高的地位，而只要讓別人跌倒，他就滿足了。接下來就是更加重視自己和其他人之間的距離和差異。然而這種人生態度不只對周遭的人是一種干擾，就連他自己也會覺得不舒服，因為這讓他心裡充滿人生的陰暗面，而找不到真正的人生快樂。

由於這些孩子汲汲於勝過其他人，所以會抗拒一般人應負的共同責任。如果把這種權力飢渴的類型拿來和敬業樂群的理想相比較，那麼我們將能夠評估甚至能大致確定這種人的社群情感有多麼淡漠。

所以說，一個理解人性的專家大致可以（也還是要極其小心）著眼於生理和心理的缺損；這些缺損告訴他，內心生活的發展在這裡必定遭遇了困難。當我們清楚看到這點（只要我們自己的社群情感有健全發展的話），我們就會小心不要造成他的傷害，而只能給予協助。首先，對這種有身體缺損或者在性格上令人反感的人，我們會認為那不是他們自己的錯，而會維護他發脾氣的權利，盡量容忍他。我們也不會忘記，由於我們沒有做好充足的準備，所以對這個社會疾病，我們也都有責任。這個共同的過錯，所有人都有份。從這個立場出發，我們將能使問題得到緩解，我們將不再把他們看成廢棄物或是人類退化的產物。秉持這種認知，我們首先必須為他們創造一種氛圍，讓他們自由地發展，讓他們更容易在自己和環境的關係中，把自己當成一般而平等的人。當一個人天生的劣勢從外觀上明顯可見，這往往讓我們很不自在，我們必須考慮到這點，才會知道我們要先自我教育，才能確實順應社群情感的絕對真理，也才能知道，我們的文化虧欠他們多少。無疑的，那些身體器官上有先天劣勢的人，一出生就感受到生存的沉重（這是其他人不必面對的），也很容易發展出悲觀的世界觀。其他孩子也有相同的處境：他們雖然在身體器官上沒有明顯的劣勢，卻仍然（不論合理與否）在心裡產生了自卑感。某些情況，比如太嚴厲的教育方式，可能使他們的自卑感太強，於是造成這樣的結果。這種在童年早期被埋進心裡的毒刺，日後再也無法擺脫；他們早年遭受的冷漠，使他們不敢接近周遭環境；結果是，他們覺得眼前是個冷酷的世界，要和它打交道是不可能的事。

案例：有個病人引起我的注意。他來的時候心情總是非常沉重，也一再強調他滿腦子都是職責和義務，他所從事的工作有多麼重要。可想而知，他和太太的關係非常惡劣。兩個人都要佔上風，絲毫不肯退讓。結果是不斷地口角和鬥毆，互相的譴責越來越尖銳嚴重，直到關係完全破裂，再也無法重修舊好。確實，這位先生還有一定程度的社群情感。但是他對太太、朋友以及甚至所有身邊的人僅有的往來，都被他的好勝心搞砸了。

關於過去的人生，他有如下的陳述：他一直到十七歲，生理上都還沒有發育成熟：他沒有長高，聲音還是童音，沒有長鬍子，在同儕間總是最矮的一個。現在他三十六歲了，看起來沒有任何不尋常之處，男性的外在特徵沒有任何缺陷。他直到十七歲以前都得不到的東西，大自然全都還給他了。但是在那之前，有八年的時間，他受發育遲緩所困擾；當時他無法預知這個問題會自動消失。所以那個時期的他一直很痛苦，以為自己永遠都會成長遲緩，會一輩子當個「小孩子」。他後來遭遇的問題，在那個時期就已經出現了端倪。每次跟人見面，他總是不斷澄清，他雖然看起來很小，但其實已經不是小孩子了。為了澄清這件事，他習慣會裝腔作勢、自吹自擂、在言行舉止上突顯自己。漸漸的，這些習慣就成了今天我們在他身上看到的特質。就連對他的妻子，他也是不斷地要她理解，他實際上比她看到的還要高大，所以她應該更重視他；然而他的太太的個性和他沒什麼兩樣，她一再指出，他其實比自己以為的還要矮小。因此，他們的關係一直不好，而這場婚姻（訂婚時就已經出現了齟齬）也走向決裂。這位原本在自信心上已經有嚴重挫敗的先生，現在又遭受婚姻失敗的沉重打擊，便來尋求醫生的協助。這時候，他必須在醫生的協助下首先學習理解人性，才能理解他在人生中犯了哪些錯誤。他的自卑感造成的障礙，貫穿了他至此的整個人生。

三、主要軸線和世界觀

當我們進行這類研究，最好把整個脈絡建立起來，好像有一條線從童年印象開始一直連結到現在的狀況。如此我們就能在許多案例中畫出一條心理軸線，也就是一個人到目前為止走過的足跡。這就是所謂的行動軸線；一個人從童年起的人生模式就在這條線上展開。有些人也許會產生一種印象，覺得這是低估了人類的命運，宛如否認人的**自由判斷**的能力（freies Ermessen），不認為人是自身命運的創造者。後面這點事實上是說對了。因為真正起作用的，總是人的行動軸線。這條線也許可以有若干程度的修正，但是其最主要的形式、節奏、能量以及意含，卻是從童年時期起就確立的。孩子原先的環境扮演了相當大的角色，一直到後來進入人類社會這個更大的環境為止。在這裡我們必須不斷嘗試把一個人的故事回溯到他最早的童年時光，因為早在嬰兒階段所產生的印象，就已經引導孩子選擇了某個方向，並且以自己的方式回應人生的問題。為了發展和回應，孩子會使用一切天生的能力；而他早在嬰兒時期就面臨的壓力，也會以原始的方式影響他對人生的觀察方式，也就是影響他的**世界觀**。

所以我們不會訝異一個人從嬰兒時期起，人生態度基本上就不再有太大的變化，即便他們的表現不同於生命早期階段。重要的是，從嬰兒開始就要安排好環境，使小孩子不容易發展出錯誤的生命觀。最關鍵的因素是身體的力量和耐力、孩子的社會處境以及教養者的特質。儘管孩子起初的回應只是自動的、反射式的，但是不久他的態度就會因為某個目標的緣故而改變；缺陷和滿足等外在因素不再構成全部的痛苦和快樂，他開始能以自己的力量擺脫這些因素的壓力。在追求認可的過程中，孩子會極力掙脫教養者的壓力，並因此和他們對抗。這個過程落在所謂的**發現自我**（Ichfindung）的時期裡，差不多是小孩子開始用第一人稱說話的時候。在這個時間點，孩子也開始意識到自己和周遭環境關係緊密。這個環境完全不是中立的，它會強迫小孩子採取立場、建立關係；孩子則在過程中，要求得到由自己的世界觀所理解的幸福。

於是，如果我們能確定人類內心生活有上述的追求目標，那麼我們自然就會明白，這種行動軸線，作為一種特別的標誌，必然有不可摧毀的統一性（Einheitlichkeit）。我們也是根據這點，才能把一個人理解為統一的人格。在某些案例，這點特別重要，比如當一個人有若干看似互相矛盾的表意行為的時候。有些小孩在學校和在家裡的行為舉止完全相反。我們在一般生活中也會遇到有些人的性格表面上相當矛盾，使得我們可能誤會了他們的真實本性。同樣的，兩個人的表意行為可能在外表上完全相同，但是在仔細研究過案例後，從作為基礎的行動軸線來判斷，一個人可能剛好和另一個人完全相反。當兩個人做一樣的事，不代表就是同一回事；但是當兩個人做不一樣的事，卻有可能就是同一回事。

確實，關鍵就在於，內心生活的種種現象，由於其**多義性**而不能孤立地看，必須放在整個脈絡裡加以觀察，把所有現象都視為指向一個共同的目標。一個現象在個人生活的整體脈絡中具有什麼意義，這才是重點所在。我們必須明白，一個人的所有現象都指向一個統一的方向，我們才能找到理解他的內心生活的路徑。

若我們了解到，人類思維與行為都從屬於一種目標的追求，都有個**目的**的限定和引導，那麼我們也才能理解，人最大的錯誤都是怎麼來的。個體之所以會出這些錯，是因為人生中所有勝利和其他優勢，都和他的特質有關，以鞏固個別的行為模式和主要軸線。這一切之所以可能，是因為一切印象的接受和管理都是不加思索地在意識和無意識的黑箱中進行。唯有科學才讓光照了進來，讓我們能夠掌握、理解這整個過程，最後也讓我們能加以改變。

我們用一個案例來為這段討論作結。在這裡，我們想要以前述的個體心理學知識的協助，對每個個別的現象進行分析和說明。

一位年輕的女士前來看病；她的問題是一種無法克服的惡劣情緒，她把原因歸咎於從早到晚的工作使她不得休息。從外觀上我們能看到，她是個急躁的人，有著不安的眼神；她抱怨說，每當她要去哪裡或者打算做某件事，心裡覺得很不安。從她身邊的人我們聽到，她把一切都看得很嚴重，看起來快要被她工作的重擔壓垮了。我們從她身上初步得到的一般印象是，她覺得所有事情都非常重要。這是許多人都有的狀況。另外可以說明問題的是，有個接近她的人告訴我們，「她總是大驚小怪」。

我們首先檢視了一下，習慣把所負擔的任務看成特別沉重和重要，那究竟意味什麼。具體來說，我們試著設想，這種行為在一群人裡或者在婚姻中有什麼意含。結果是，我們無法不產生一個印象，這種傾向很像是呼籲周遭的人不要再增加自己的負擔了，因為連手上最最必要的工作都已經做不好了。

我們對這位女士所知道的還是不夠，必須請她再告訴我們一些事情。在探詢時必須有對應的敏感度，不能有絲毫的高傲，因為那可能立刻使病人心生抗拒。比較好的策略是以旁敲側擊的方式提問。如果有適當機會進行交談，我們就能（以這個案例來說）委婉地讓她明白，她整個人以及全部的行為其實都在暗示著，她想要讓另一個人（很可能就是她的先生）知道她無法忍受更多的負擔，她要求細心和溫柔的對待。我們還可以繼續暗示，這一切一定不是今天才開始的，而且促成問題的因素一直存在。後來她終於證實，幾年前她曾有過一段極為缺乏關愛的生活。於是我們對她的行為就有了更多的了解：那是為了支撐她向另一人要求體貼，以及極力避免跌回那個使她無法得到溫暖的處境。

有個新的訊息證實了我們的發現。她說她有個女性朋友，這位朋友在許多面向上都是她的反面，有個不幸的婚姻，而且正想要脫離。有一次她遇到這位朋友，當時她（她的朋友）手上拿著一本書，用提不起勁的語調對先生說，她不太確定今天中餐是否來得及做好，結果這番話使她朋友的先生大發雷霆，當面嚴厲地批評太太。我們這位病人對這起事件有如下的評語：「如果沒弄錯的話，那麼我的辦法實在好得多。沒有人能這麼指責我，因為我可是從早到晚都扛著過量的工作。如果我有一次中餐沒有及時端上桌的話，沒有人可以責備一個所有時間都被著急和忙亂填滿的人。這麼好的辦法難道我要放棄嗎？」

我們於是看到她的內心世界在上演什麼。她以比較無害的方式取得優勢，免於一切責難，而且永遠要求關愛。既然這個策略奏效，她不太明白為什麼有人要她停止這麼做。但是在這種行為的背後還有些文章。她要求溫柔體貼（其實也是想佔他人的上風），但總是覺得表達得還不夠熱切。於是在這個脈絡下，就出現了各式各樣的麻煩事。如果有東西丟掉了，或者一時找不到，她就會弄得家裡一團混亂，心情緊張，接著就是頭痛，晚上無法安睡，因為她一再擔心那件事，把問題看得嚴重無比，不斷誇大，只為了讓人注意到她的辛苦。光是朋友的邀約，就已經是重大事件。若要接受，就需要盛大的準備。極小的付出對她來說都極其巨大，所以到人家做客變成了沉重的工作，需要用好幾個鐘頭或甚至好幾天來預先準備。這種時候，你可以相當肯定地預測她會加以推辭，最起碼她一定會遲到。這種人的社交生活將無法跨出一定的界線。

然而在像婚姻之類的兩人關係裡，你一直要求溫柔體貼，很多事情就會變調。有時候先生必須出門工作，或者有朋友聚會，或者必須去做個別拜訪，或者必須出席他所屬組織的會議。如果他在這種情況下把太太單獨留在家裡，算不算是漠視了對溫柔體貼的要求？起初我們也許會覺得（而且確實很多人這麼想），結婚的人本來就應該盡可能留在另一半的身邊。然而儘管這種要求某種程度上讓人有同感，實際上對一個必須工作的人來說，卻是無法克服的困難。這必然會造成困擾。以我們這個例子來說，這位先生可能在深夜時躡手躡腳地想要上床，卻訝然發現太太仍然醒著，還用責備的眼神看著他。這種場景大家一定非常熟悉，我們在此就不多加描述。我們也不該忘記，這並不只是一些女性的小毛病，許多男人也是這麼想的。最重要的是，我們想指出的是，要求特別的關愛有時候會適得其反。在我們的案例裡，情況通常是這樣的：當這位先生晚上必須留在外面，太太就會對他說，他的社交太少了，所以這一次他可不要太早回家呀。雖然她用玩笑的口吻說話，但是這句話裡卻包含了非常嚴肅的主旨。這看起來跟剛才我們描繪的形象扞格不入。但是如果我們更進一步觀察，就會發現那其實是一致的表現。這位女士非常聰明，她不假思索地避免嚴厲的手段。在每件事情上，她都會表現得和藹可親。這個案例本身其實沒什麼問題；我們會注意到這點，只是為了心理學上的探討。她對先生說那些話，真正的意義在於暗示說，太太才是真正的指揮官。有她的允許，先生才可以晚歸。如果是先生自己這麼做，她就會覺得被嚴重冒犯了。所以她這番話只是為真實的脈絡蓋上一層面紗。她才是下達指令的一方；雖然先生不過是去盡一個社交義務，也還是要由太太的願望和意志來核可。

如果把這種對關愛的要求拿來跟我們剛才獲知的訊息（這位太太只能忍受自己命令過的事）放在一起看，我們就突然看到，這位女士必定一輩子都在承受一種巨大的衝動：絕對不當配角，永遠要佔上風，地位不受任何責備的威脅，總是要當自己所屬的小團體的核心成員。我們將在她的各種狀況中一再見到這條軸線。比如說換女僕的時候。

她會左思右想，擔心自己過去習慣對女僕的控制權在新女僕身上不管用。又比如說準備出一趟門。對她來說，待在家裡，一切都能照自己的意思使喚，這是一回事，但是出了大門，到「別人的地盤」，到大街上，突然間再沒有任何事物服從自己的意志，每一輛車你都得閃避，也就是只能扮演一個無關緊要的角色，這完全是另一回事。她這種緊張原因何在、意味什麼，這時才豁然開朗。我們要想到，這位女士在家裡需索著何等不受節制的權力。

這種現象常常出現在一個讓人有好感的性格模式裡，以至於第一時間你根本不會想到，這樣的人竟然受著煎熬。這種煎熬可能會非常嚴重。我們只要把這個案例放大一下就可以想像。所以有些人害怕搭電車或火車，因為他們無法貫徹個人意志。這種問題的嚴重程度可能讓他們最後根本不願意離開家門一步，比如廣場恐懼症患者。

在後續的發展裡，這個案例給我們很多啟發。我們看到，一個人的童年印象在日後如何一再造成影響。我們不能否認，從這位女士的立場看來，她是有道理的。因為如果人一輩子都要逼迫別人給他溫暖、尊重和關愛，那麼擺出一副不堪負荷和緊張激動的模樣，並不是個太差的手段，因為她不只能免遭譏議，她身邊的人也會溫和地勸阻她，提供協助，說話還得小心點，免得造成她內心的不平衡。

當我們回溯到這位病人的童年時，我們聽到她說，她在小學的時候就曾經因為作業做不出來而非常激動，老師不得不對她特別溫和。此外她還說：她是家中三個小孩裡最大的，下面有個弟弟，還有個最小的妹妹。她總是跟弟弟吵架。在她眼裡，弟弟一直是最受寵愛的那個，而最令她生氣的是，大家對弟弟的成績極其關注，但是對她的優秀成績（她一開始曾是個好學生）卻不當一回事，這讓她很受不了，也讓她不斷思索為什麼家人用雙重標準對待她。

我們明白了，這個小女孩追求的是公平對待，她從童年時期就有嚴重的自卑感，並且渴望補償。在學校裡，她尋求補償的方式是變成一個壞學生。她想用低落的學校成績來勝過弟弟。並不是說成績不好會比較站得住腳，而是她有個孩子氣的想法，想要吸引父母的關注。這個心理過程多少是意識層面的，因為她今天很確定地說，她當時想要當個壞學生。然而她的父母對她的壞成績仍然無動於衷。這時又發生很有趣的事：她在學校的成績突然又變好了。但是她的妹妹在這個時候粉墨登場。因為她妹妹在學校的成績也很差，但是母親關心妹妹的程度幾乎跟弟弟一樣。原因很特別：我們這位病人的壞表現只限於學科，但她妹妹是在操行上不及格。如此一來，妹妹就得到了更多的關注，因為操行低落會產生完全不同的社會效應。學校也會採取特別措施，迫使父母不得不更加關注小孩的狀況。

所以，爭取平等對待的戰役到這裡還是失敗了。我在這裡要強調，追求平等地位的戰鬥雖然失敗，卻不會從此畫下休止符。沒有人能忍受不平等的處境。從這裡開始，新的行動渴望還是會一再出現，而型塑出人的性格樣貌。我們現在更加理解到，這位女士為什麼有各種困難、慌亂，為什麼一直努力在別人面前擺出沮喪或不堪負荷的模樣。這些本來是要做給母親看的，想要迫使雙親更加關注自己，就像他們關心妹妹那樣。這同時也是在責備他們對待她不像對待妹妹那麼好。這個當初產生的基本情緒，至今都沒有消失。

我們還能追溯到她更早的人生階段。她提到一個印象特別深刻的童年經驗。三歲時，有一次她想拿一塊木頭打剛出生的弟弟，全靠母親的警覺才沒有造成傷害。當時這個小女孩就極其敏銳地意識到，她之所以遭到冷落與輕視，都是因為自己只是個女孩，現在寶座被弟弟奪去了。她記得非常清楚，當時她無數次脫口而出，她希望變成一個男孩。她覺得弟弟的來到不只把她從溫暖的窩巢踢了出去，而且弟弟是因為身為男生，才得到比自己更多的關愛，這一點更讓她感覺心情非常低落。為了試圖彌補這個情結，她才開始採取一個辦法，也就是隨時表現得負擔過重的模樣。

我們可以用一個夢境說明，一個人的行動軸線如何深植於他的內心生活。這位女士有一次夢到她在家中和先生談話。但是她先生看起來一點都不像男人，而是個女人。這個細節宛如一個象徵，透露了她在面對所有事件和關係時的模式。這個夢境顯示她得到了與先生平等的地位。他不再是那個比她優越的先生，就像從前她的弟弟那樣，而已經幾乎是個女人。兩人之間已經沒有位階的差異。那個其實從童年起就一直懷抱的願望，在這個夢裡終於達成了。

於是，我們把一個人內心生活的兩個時間點連在一起，就找到了主要軸線，並且得出關於這個人的統一的想像。總結起來，我們可以這樣形容：這個人努力以親切和藹的手段，扮演著佔優勢地位的角色。

〔第六章〕

為人生做準備

個體心理學有一條基本原則：內心生活的所有現象，都必須理解為一種**為了眼前的目標所做的準備**。我們到目前為止所描述的內心生活的形成，其意義對我們來說就是一種為未來的準備，以實現個體的願望。這是很普遍的人類現象；所有人都必須經歷這個過程。古老的神話、傳說、傳奇裡夢幻一般的理想狀態，不論是屬於將來或是曾經存在過，也是在對我們訴說這件事。所有民族都相信曾經存在一個失樂園；而所有宗教，只要相信終有一天能夠克服一切困難，也就包含了人類的這種渴望。至於至福、永恆的輪迴（相信靈魂一再以新的形體轉世），其意含也不外乎理想願望的實現。一切童話都向我們證明，對幸福未來的期望從來不曾在人類文化裡消失。

一、遊戲

在孩童的生活中，有一種現象顯然也是在為未來做準備：那就是玩遊戲。遊戲不能視為父母或其他養育者臨時起意的點子，而是教育的輔助工具，它能激發思想、幻想和靈活程度。我們在遊戲中一再看到為未來的準備。從孩子遊戲的態度、遊戲的選擇以及他賦予遊戲的意義，都能反映出孩子和周遭環境的關係，和旁人的相處是友善或敵對的，而想要駕馭別人的傾向是否特別顯著。我們也能在孩子的遊戲中看到他對人生的態度。所以遊戲對孩子是極其重要的。第一個發現「孩童的遊戲是為未來做準備」的人，是教育學教授格羅斯（Gross）。他在動物的遊戲中也發現相同的傾向。

但是除此以外還有許多觀察角度。其中最重要的是，遊戲也是社群情感的實踐。孩子的社群情感相當豐沛，不論在任何情境下，他都能從社群情感中得到滿足，也被這種情感強烈吸引。孩子如果逃避遊戲，就很有可能是發展偏差。有些孩子不喜歡跟別人玩；當他們跟別的孩子在一起時，往往會把遊戲搞砸。傲慢、不健全的自我評價、擔心自己玩不好，是這個問題的主要因素。一般來說，我們能在孩子遊戲的時候確認他在社群情感方面的發展程度。

另一個在遊戲中非常明顯的元素，就是以佔優勢為其目的；它會表現在喜歡發號施令、駕馭別人方面。關鍵在於孩子是否以及如何突顯自己、是不是很喜歡那種扮演支配者的遊戲。任何遊戲都和三項元素有關：為人生做準備、社群情感以及支配欲。

然而遊戲還有一個元素。那就是使孩子能夠在遊戲中自我實現。在遊戲中，孩子大抵上只能靠自己；他的表現會在和其他孩子一起遊戲的時候激發出來。有很多遊戲都強調創造力的因素。尤其讓孩子有發揮創造力的空間的遊戲，往往包含了對於未來生涯很重要的元素。事實上，許多人的生命歷程都顯示了遊戲和職業的關聯，比如說，有些孩子喜歡為娃娃做衣服，長大後也成為裁縫。

遊戲和孩童內心生活的發展密不可分。你幾乎可以說那是他的職業，或甚至真的這樣理解。因此，干擾小孩子玩遊戲，並不是無傷大雅的小事。我們不可以把遊戲視為虛擲光陰。那是為未來的目標所做的準備，那個在未來世界裡的成人，其實已經隱約出現在每個孩子身上。所以，認識一個人的童年，會讓我們對他做判斷時輕鬆許多。

二、注意力與分心

心理器官有一種能力，它會明顯影響一個人的表現優劣，那就是注意力（Aufmerksamkeit）。當我們以注意力把感覺器官連接到我們內心或外在的事件時，會感覺到一種特別的緊繃（Anspannung），這個緊繃不是散佈在我們全身，而只限於某個感官領域，比如只限於眼睛。我們會感到某種東西正蓄勢待發。事實上，我們知道那是因為一些運動過程（例如眼睛是往視軸的方向）讓我們產生了這種特別的緊繃。

如果注意力的動用會讓心理器官的特定領域產生一種緊繃，並喚起我們的運動機制，那麼這也就表示其他的緊繃狀態應該關掉。這解釋了為什麼當我們注意一件事物時，會想要排除所有干擾。所以對心理器官來說，注意力代表一種待命狀態（Bereitschaftsstellung），那是個人和事態的連結，為攻擊或防禦所做的準備，例如在危難中，或在一個新的、不尋常的處境裡，當我們必須聚精會神地達成某個目標的時候。

注意力是每個人都有的能力，如果不是生病或智力不足的話。但是你時常看到有人注意力不足。可能的原因很多。首先，疲倦或疾病之類的因素，會影響到人們的注意力。再者，有些人之所以缺乏注意力，是因為他根本不想注意，因為那些他本來該注意的對象不符合他們的生命態度，或者和他們的行動軸線有衝突。反之，如果一件事和他們的生命軸線多少相關時，那他們的注意力馬上就醒過來了。注意力的不足還可能有個原因：反抗的傾向。小孩子非常容易傾向反抗；有時候我們會看到，這樣的孩子不管別人給他們什麼建議都一概拒絕。他們的反抗就寫在臉上，完全不用特意突顯。面對這種案例時，教學方式和適當的教養手段是很重要的；教學內容必須配合孩子無意識的生命藍圖（Lebensplan）以及主要軸線，也就是和孩子達成和解，特別是**被嬌慣的孩子**。

有些人什麼都看到，什麼都聽到，知覺到所有現象和變化。也有些人彷彿只用視覺器官來面對世界；還有些人偏好聽覺器官，只要是可見的事物，他們既不想看、不想留意，也不感興趣。這也是為什麼我們原本以為應該注意到的事，但就是有人置若罔聞。

要喚醒注意力，最重要的因素是一種真正深層的**興趣**（Interesse）。這個興趣存在於心理深處，比注意力要深層得多。如果興趣存在，那麼注意力也會自動出現，在教育上不需要任何施力。注意力不過是個工具，我們用這個工具來掌握一個有興趣的領域，以達成某個目的。一個人的發展不會毫無錯誤，多少都會偏離正軌。而這些錯誤的心態自然也會波及他的興趣，使得他沉溺在對於更好的人生準備無意義的事物。比如說，如果一個人的興趣太過關注在自己身上，尤其是在意手裡握有的權力，那麼這個人會特別注意到任何和權力有關的事，不論是權力的奪取或是威脅。在其他方面，只要他的權力興趣還沒有被另一種興趣取代，你是無法引起他的注意力的。特別是在孩子身上，我們可以觀察到，當有機會得到認可時，他們會立刻專注起來，而當他們覺得不被認可時，他們的注意力就會瞬間消失。在這裡，我們可以看到包羅萬象的脈絡和光怪陸離的現象。

所謂注意力不足，其實不外乎是指：一個人對於別人期待他去注意的事視若無睹。他所謂的「注意力不足」，其實是把注意力擺到其他地方。所以，說有的人無法「專心」，是不正確的說法。你最後總會發現，他是很能夠專心的，只不過是關注別的東西。類似這種**專注力不足**（Konzentrationsmangel）的，還有所謂的**缺乏意志力**（Willenlosigkeit）或**欠缺動力**（Energielosigkeit）。在這種案例裡，我們最後大多也會看到，他們其實也有不屈不撓的意志和源源不絕的動力，只不過不是指向別人所期望的目標。

要處理這類案例並不容易。唯一著手的辦法，就是找出這些人的生命藍圖。我們在每個案例都看到，所謂的不足，只是因為他們追求的是其他事物，而對眼前的問題置之不理。

注意力不足在許多人身上成為不變的性格特徵。這種人屢見不鮮，他們被指派某個工作，卻心生抗拒，或者是敷衍了事，結果給其他人造成負擔。他們不變的性格特徵就是注意力不足；但是當他們主動做自己想做的事情時，注意力卻馬上回來了。被寵壞的小孩身上就有這種問題；他們想要的是繼續被嬌慣。

三、過失和健忘

我們一般所說的過失（Fahrlässigkeit），是指在必要的照顧上的輕忽或不注意，而損害到一個人的安全或健康。對我們來說，過失就是一個人對別人完全不注意、完全沒興趣時會發生的現象。這種注意力的不足，是由於對身邊的人漠不關心。依據過失的性質，例如孩子在玩遊戲時，我們能看出他們是否更關心自己，或者會考慮到別人。透過這種現象，我們能確切地評估一個人的共感（Gemeinsinn）和社群情感。如果一個人的社群情感的發展不足，那麼即便是以處罰作為威脅，他也只能很勉強地保持對他人的興趣；但是對一個社群情感發展健全的人來說，這種興趣要麼可以輕易建立，要麼是已經存在或自動產生的。

因此，過失就是社群情感的缺乏。儘管如此，對此太過寬容也不是好辦法。因為我們同時也必須探討，為什麼一個人會缺少我們所期待的興趣。

當注意力受到侷限，就會產生**健忘**（Vergesslichkeit）或是**遺失**重要物品的事。在這種情況裡，注意力以及興趣本來是有可能更高的，卻沒有完整呈現，反而因興味索然而降低了，於是直接或間接造成了遺失或健忘。比如說，小孩子把課本給搞丟了，就屬於這種狀況。大多時候，我們能很容易看得出來，這是因為小孩子還沒有完全融入學校生活。此外也有些家庭主婦一直把鑰匙放錯地方或真的搞丟了鑰匙。這時我們也大多會發現，她們都沒辦法真正認同家庭主婦的身分。

健忘的人，就是那些不願意公開反抗，卻透過健忘的行為透露對自己的任務興趣缺缺或者厭煩的人。

四、無意識

在我們描述的過程中，各位一定已經注意到，我們談到的過程和現象，大多是當事人自己無法談論的東西。比如說，一個注意力充足的人很少能夠解釋，為什麼他一眼就能看到所有事物。所以，心理器官有些能力不是在意識範圍內找得到的。雖然你可以強迫自己有意識地提高注意力到某種程度，但是引發注意力的力量並不在意識（Bewusstsein）裡，它大抵上是來自於無意識（das Unbewusste）領域的興趣。這種興趣完全是由心理器官造就的，也是內心生活最強烈的元素。打造一個人的行動軸線、（無意識的）生命藍圖的力量，都只有在那裡才找得到。在意識層面只能看到這個興趣的殘影，有時候你甚至會以為看到它的反面。比如說，一個虛榮的人在大多數情況下對他的虛榮一無所知，反而會表現得讓每個人覺得他很謙虛。虛榮的人根本不必自覺到這點，也沒有弄明白的必要。事實上，對他們的目的而言，自覺甚至是不利的，因為如此一來，他就做不下去了。他之所以能擁有像演員一樣的自信，正因為他對自己的虛榮一無所知，而把注意力擺到其他方面。所以虛榮的整個過程大抵上都是不知不覺中進行的。你若要跟他談他的虛榮，會發現很困難，因為他會顧左右而言他，並不想被人干擾。不過這只會更加證實我們的觀點。這種人只想繼續玩他的遊戲；誰想揭穿他的面紗，就會被他當成搗蛋者，也會使他採取防衛的姿態。

根據這種行為模式，我們也可以把人分成兩類：對心理過程的認知高於或低於平均，也就是意識的範圍大於或小於平均。在大多數的情形下，低於平均的人會專注在生活中比較小的領域，高於平均的人則會多方面關注，也對人類生活中比較大的領域或世界局勢有興趣。我們也看到了：那些覺得壓抑的人，往往把自己侷限在生活中微不足道的片段裡；那些多少逃避生活的人，在面對生活的問題時，不會看得像其他能加入生活競爭的人那麼清楚。他們無法理解什麼是優雅，因為他們的興趣很狹隘，只看到人生問題的一小部分；他們沒辦法全盤審視人生的問題，因為他們不願意把力氣用在那上面。在探討人生的個別現象時，我們常常看到，有人對自己在生活方面的能力一無所知，以至於低估自己的能力；有人對自己的缺陷沒有足夠的了解，比如說認為自己是個好人，而其實無論做什麼事都自私自利，或者反過來，自以為是個利己主義者，可是人們和他相處久了，卻發現他是個很好相處的人。所以重點絕對不在於一個人覺得自己如何（或者其他人覺得他如何），而是在於他對人類社會的整體態度；他在這個世界上想做什麼、對什麼有興趣，都受到這個態度的決定和引導。

事實上，這真的是涇渭分明的兩種人。一種人對自己的生活更有自覺，更能客觀地面對人生問題，不會遮蔽自己的目光；另一種人則抱持先入為主的觀點，只關注生活和世界裡的一個小區塊，從來不反省自己的種種藉口。這種人的行為和說話總是在無意識中進行。所以說，可能會有以下的狀況：兩個人共同生活，但是在相處上一直遇到困難，因為有一方總是愛唱反調。這種狀況屢見不鮮，但是更常見的或許是雙方都是愛唱反調的人。有這個毛病的人完全不自覺；他甚至認為（也試圖證明）自己總是努力和解的一方、自己最重視的就是和平相處。但是事實並不站在他這邊，而且實際上我們會看到，其中一方不管說了什麼，另一方幾乎都要攻擊他，並且提出反對意見，即便裝出一副若無其事的樣子。但細究之下，我們看到他們其實都受到一種敵對的、爭強好勝的心態左右。

所以，許多人在心裡發展出能左右他的力量卻完全不自覺。這些無意識的力量影響了人們的生活，而且，如果沒有被揭露出來，也會導致嚴重的後果。杜斯妥也夫思基（Dostojewski）在《白痴》（*der Idiot*）中描述了一個案例；這個案例一直讓心理學家驚呼連連。在一次社交聚會上，貴婦以略帶譏刺的語氣，對小說裡的主角麥什金公爵說，他最好留意一下，別把旁邊的中國花瓶打翻了。公爵則向她保證說他會注意的。但是幾分鐘後，那花瓶已經摔破在地上了。在場沒有人相信那只是意外，而認為那是有計畫的行為，因為以公爵的性格，貴婦的話一定讓他感到受辱了。

在評判一個人的時候，我們不光是根據他有意識的行為和語言。從他的思想和行為裡無意中透露出來的細節，往往可以讓我們得到更正確可靠的訊息。比如說，有的人會有些不起眼的壞習慣，像咬指甲、摳耳朵等。但是他們完全不知道，這麼做就洩漏了他們是固執的人。因為他們不知道，是什麼因果關係讓他們有了這種壞習慣。我們很清楚，一個孩子如果有這類壞習慣，大人一定會告誡他；而如果再三告誡後還是不改，那他就一定是個固執的人。在經過更多訓練之後，我們應該可以從一個人的所有動作中得到全面性的結論。因為在所有這些細節裡，隱藏著一個人的整個性格。

下面兩個案例將會說明，為什麼有些心理過程會一直留在無意識中，而且非如此不可。也就是說，人的心理有能力指揮他的意識：當從內心活動的立場看來有必要的時候，就會有意識地做一件事；從另一個方向來說，如果對於該目的而言有其必要，也會讓那件事留在無意識裡，或者無意識地做那件事。

第一個案例是關於一位年輕男性。他是長子，跟妹妹一起長大。母親在他十歲的時候過世。在那之後，教養的工作就完全落在父親身上。他父親是個非常聰明、善良、道德標準很高的人。他總是鼓勵兒子爭取榮譽、積極向上。兒子也總是努力以赴，他身材壯碩、外表出眾，在他的圈子裡，無論在德行或學業上都出類拔萃，讓父親很欣慰，因為父親從很早就看好兒子會在社會上出人頭地。

然而這位少年的行為卻開始有些不對勁，讓父親很擔憂，也很想矯正他。在這位少年的成長過程中，妹妹一直是他激烈的競爭者。她也發展得很好；她總是利用弱者的武器取得優勢，想盡辦法壓倒哥哥，讓自己受到重視。在他們的小家庭裡，妹妹有相當大的施展空間，而這種競爭對哥哥來說一直是個苦差事。和妹妹在一起，原本唾手可得的東西，現在卻一直得不到：聲望、影響力、其他人的服從，這些都是他後來從同儕那裡才獲取的。父親很快就注意到，兒子（特別是從青春期開始）在社交生活中舉止異常，基本上沒有社交可言，也明白表示不喜歡和舊雨新知見面，而且如果要認識的是女孩子的話，他甚至會轉頭就跑。一開始父親不以為意。但是後來這種現象越來越嚴重，少年幾乎不肯踏出家門一步，甚至連出門散個步也覺得不舒服，除非在深夜時分。他把自己封閉起來，連看到舊朋友也不打招呼。但是他在學校裡以及在父親面前的表現都是無可指責的，每個人都相信他是個正直的人。

直到有一天，他已經哪裡都不肯去了，父親於是尋求醫生的協助。我們在問診後發現：這位年輕人認為他的耳朵太小，別人一定覺得他很難看。但這完全不是事實。於是我們反駁說他的理由不成立，那其實是用以避免和外界往來的遁辭。對此他則表示，他連牙齒和頭髮也都很醜。但這同樣不符事實。反過來說，我們明顯看出他的好勝心很強。他自己也知道這一點，並且解釋說這是因為父親敦促他要努力上進，才能功成名就。他未來的志願是要當個科學家。這個志願原本很正常，但是加上他極力避免和團體以及別人來往的習性，看起來就很不對勁。他怎麼會想到這麼幼稚的理由？如果他的理由是事實的話，那麼在社交生活方面的顧忌和焦慮或許還說得過去；醜陋的外表有時候的確會造成社交上的困難，不過當然這也不是無法克服的。

在進一步的探問之後，我們又發現：這位極為好勝的年輕人正追求著一個目標。他一直以來都是第一名，也想繼續保持下去。要達到這個目標，他有各種可用的手段，比如專心致志、奮發向上等等。然而這些對他來說顯然不夠用。於是為了有利於計畫的實現，他又試著排除生活中一切看起來多餘的活動。他本來或許可以很明確地對自己說：「既然我想要出人頭地，而且打算獻身於學術研究工作，那麼我就不得不退出所有的社交關係。」不過這話他既沒有說過，也不曾想過，為了這個目標，他反倒是把注意力放在自以為的醜陋外表這種小事上。如此一來，在放大和強化這個微不足道的事物之後，他就有理由去做他實際上想做的事了。他只需要花一點必要的力氣，提出虛構的理由、誇大的解釋，以便遂行藏在心底的目標。但如果他明白說出，為了當第一名，他想要過苦行僧的生活，那麼每個人都能立刻理解、看穿他的力不從心。儘管「做第一等人」的想法在他內心生活中毫不陌生，但是在他意識層面中卻是遍尋不著。這種「為了這個目標寧可犧牲一切」的念頭，並不是他有意識的思想。那種力不從心、無法輕鬆達成這個目標的無力感，也同樣不是。如果他真的是有意識地為了目標而犧牲其他一切，那他就不會那麼斬釘截鐵地強調自己外表醜陋，所以**不能**參加社交活動。而且，如果一個人公然表示，為了拿到第一名，所以要放棄和所有人的來往，那一定會在大家面前顯得很可笑，甚至自己也會被這種想法嚇到的。所以這種想法是沒辦法去想的。有些想法是我們為了別人和我們自己而不願意承認的。所以這個念頭也就順理成章地駐留在他的無意識裡了。

如果你對這種人揭穿他的主要動力（為了堅持自己的行為而不能對自己明說的東西），那自然就會干擾到他有所偏差的整個心理機制。因為他原本要避免的事就會發生，那件不敢想的心事會成為透明，他的計畫就會受到干擾。把會妨礙自己的念頭加以排除，堅持能夠支持自己立場的想法，這其實是個普遍人性的現象。因為人們大多只會考

[98]

慮到對自己的觀點和立場有利的東西。所以，對我們有利的，就會被意識到，而可能阻礙我們的念頭的東西，就會留在無意識的層次裡。在這個案例中，我們就注意到，這位年輕人執著且誇大「我很醜」的想法。這都是為了讓他不必真正面對自己真實的行為和挫折。

第二個案例是關於一個能力很強的少年，他的爸爸是老師，而且管教嚴厲，督促兒子必須永遠保有第一名的成績。在這個案例裡，這個年輕人的優秀表現也是無可挑剔，從來沒有拿過第二名。他在團體中和善可親，也有不少朋友。

差不多在他十八歲時，卻有了很大的轉變。他退出所有活動，再沒有什麼事情讓他高興，他感到厭煩，也悶悶不樂。剛認識不久的朋友，馬上就交惡。每個人都對他的行為感到不滿，除了他的父親，他覺得兒子整天關在家裡也沒什麼不好，反而希望他因此可以花更多時間在功課上。

在治療的過程中，少年一直訴苦，他的爸爸把他的生活給毀了，他失去了自信，也提不起勇氣生活下去，他唯一能做的，只是把自己鎖進孤獨之中。他功課的進度已經跟不上，高中的考試也沒能及格。根據他的陳述，這場轉變是從一次事件開始的：有一次在朋友之間，他因為對現代文學的知識太貧乏而遭人嘲笑。當類似事件一再發生，他就把自己孤立起來，也跟所有人保持距離。同時有個想法完全佔據了他的腦袋：自己之所以如此失敗，都是爸爸的過錯。於是他與父親的關係也日漸惡化。

這兩個案例在某些方面很類似。第一個案例的病患對抗（但是無法勝過）的是他的妹妹；第二個案例的病患則是和父親產生對抗關係。兩個病患都以所謂**英雄理想**（Heldenideal）的東西為主要軸線。兩人的英雄狂熱也都幻滅，使得他們寧願高舉白旗，完全退回自己的世界。但是如果有人以為這種人曾在某一天對自己說，「既然我不能繼續當英雄了，既然有別人比我更厲害了，那我就乾脆退出，在痛苦中度過餘生吧」，那他就搞錯了。確實，他父親做錯了，他的教育方式很不好。但是當事人什麼別的都不在意，就著眼於他有問題的教育，而且反覆訴說，這就非常耐人尋味。然而，他之所以堅持這個立場，強調自己是偏差教育的受害者，那只是為了證明他退回自己的世界是有理由的。如此一來，他就不算是失敗，而可以把他的不幸歸咎於父親。他至少挽救了一部分的自信和地位。畢竟他過去一直是最頂尖的，只不過有個要命的東西阻卻了他的成功之路：他父親有偏差的教育方式阻礙了他的發展。然而他忽略的是，如果他自己不願意在錯誤的道路上逗留，父親的錯誤也是起不了作用的。

於是下面這套想法就留在無意識的層面了：「既然我已經這麼接近生命的前線，也知道我再也沒有那麼容易拿第一，所以我要想盡辦法逃避勝負的判決。」但是這種想法是沒辦法去想的，沒有人會對自己說這種話。不過儘管如此，一個人還是可以這麼做，好像他有計畫地把這個想法付諸實現一樣。如果要這麼做，他就得採取另外一套說法。所以他不斷糾結於父親對他的偏差教育，以逃避社會以及生活的種種勝負考驗。如果意識到上述真實的想法，那只會破壞他暗地裡的企圖，所以這個想法只能留在無意識的層次裡。他怎麼能說自己是個沒用的人？他過去可是有搶眼的表現，他的自尊心也不允許。如果他現在拿不到勝利的光環，那也不會是他的過錯。現在他有個機會，可以把自己的行為當成證據，以指控父親偏差的教育方式。他等於集法官、原告和被告於一身了。這個對他有利的立場，難道他要放棄嗎？但是他忽略了一件事：只有當兒子自己願意，父親的錯誤才成為錯誤；操縱桿是一直握在兒子手上的。

五、夢

很久以來就有人主張說，我們可以從夢境推論出人的內心生活。和歌德同時代的利希頓柏格（Lichtenberg）曾說，從夢境去了解一個人的本質和性格，比他的言語和行為要容易得多。但是這話有點言過其實了。我們的觀點是，個別現象的運用必須非常小心，我們必須結合其他現象才可以進行解讀。所以，唯有從其他方面得到佐證，我們才能從人的夢境推論出他的性格。

人類對夢境的興趣可以追溯到很久以前。在文化的開展和影響中，特別是在神話和傳說裡，有許多跡象顯示古代人對夢境的興趣遠甚於現代人。我們也發現，古代對夢境的理解也比現在深入。我們不妨想看看，夢在古希臘扮演多麼重大的角色；西塞羅寫過一本討論夢境的書；聖經描寫過許多夢境，也做了巧妙的解析。你只要講述一個夢，大家立刻就明白那意味著什麼，比如說，約瑟夫對哥哥們講述的捆麥稈束的夢。[1] 在尼布龍根傳說裡，也就是在完全不同的文化土壤上，我們看到夢境也被認為是可靠的證據，具有預言的功能。

然而當我們試著把夢境當作認識人類心理的線索時，我們對於夢的解析其實迴異於那些在夢境裡尋找某種神力介入的幻想方向。我們只會採用經得起考驗的經驗方式；而我們依據夢境所建立的理論，也必須有其他方面的觀察支持我們的假設，才會成為我們

1 譯注：《創世記》37:5-8：「約瑟做了一夢，告訴他哥哥們，他們就越發恨他。約瑟對他們說：『請聽我所做的夢：我們在田裡捆禾稼，我的捆起來站著，你們的捆來圍著我的捆下拜。』他的哥哥們回答說：『難道你真要作我們的王嗎？難道你真要管轄我們嗎？』他們就因為他的夢和他的話越發恨他。」

的論據。

無論如何，令人訝異的是，直到今天都還有人認為，夢境會傳達和未來有關的特別意義。這裡我們要簡短地提到一些空想者：這些人一味相信夢境，甚至跟著他們的夢境走。比如我們有個病人就放棄一切正當的職業，而寧願去玩股票。他總是根據自己的夢境買進賣出。他甚至能用過去的經驗向你證明，每次只要他不照著夢境買賣股票，結果總是賠得很慘。我們不難明白，他夢到的東西，不外乎就是他在清醒狀態下關注的事；而在熟悉的領域方面，他會在夢裡給自己一個指示。所以長久以來，他都能宣稱自己在夢境的影響下大賺一票。

但是後來有一天，他卻說他再也不相信夢境了。因為他把錢全都輸光了。這當然是沒有做夢也會產生的結果，不會有人相信裡頭有什麼奇蹟。因為，如果人在白天一直煩惱某件事，那麼在夜間也是不得安寧。有些人會輾轉反側，念頭不停地打轉；有些人則雖然睡得著，他的種種念頭卻仍然在夢裡縈迴不去。

我們在睡覺的時候，腦海裡浮現千奇百怪的東西，不外乎是連接當天和次日的一座橋樑。而如果我們知道一個人平常對人生的態度，習慣如何搭建通往未來的橋，也就會明白他夢裡怎麼搭起那座古怪的橋，也能夠得出結論。這就表示，夢境其實是建立在對人生的態度上。

一位年輕的女士講述了以下的夢境：她夢到她的先生忘了結婚紀念日，於是她數落他一頓。這個夢本身已經有某種意義了。當這種問題得以出現，那麼我們就知道這段婚姻一定遇到什麼問題了，問題大抵上是這位太太覺得被冷落了。雖然她說她也忘記結婚紀念日。但畢竟是她先想到這點的，而她的先生還要她提醒才想起來。所以她是佔上風的那一方。當我們進一步探問，她卻說這個狀況實際上從未發生；她先生一直記得結婚紀念日。所以這個夢是對未來的憂慮，擔心也許有一天會發生這種事。於是我們可以推論，這位太太容易以不明確的理由指責別人，喜歡拿**也許**有一天會發生的事去譴責先生，也容易無緣無故地對先生發脾氣。

我們本來是不能這麼確定的，如果我們沒有佐證來支持這些推論的話。在問到最初的童年印象時，她提到一起令她一生不能忘懷的事件。在三歲的時候，她的姑姑送她一根木雕的湯匙，讓她非常高興。但是她玩著玩著，湯匙卻掉到小溪裡沖走了。她傷心了好多天，引起了身邊的人的關注。

回到這個夢境來，我們注意到她再度預期有某種東西可能會「被沖走」，也就是她的婚姻。先生有一天也許會忘掉兩人的結婚紀念日！又有一次她夢到先生帶她走上一棟大樓。他們越爬越高；而當她想到自己可能爬得太高，便感到一陣強烈的暈眩，陷入了恐慌，然後就癱倒在地上。這種狀況也會發生在神志清醒的人們身上，如果他有懼高症的話。他害怕的與其說是高度，不如說是下墜的深度。當我們把這個夢和前面那個夢連結起來，並且把兩個夢隱藏的想法和感受合併在一起，就會得到一個清楚的印象：這位女士恐懼的是深深的墜落，也就是擔憂發生不幸。我們也能猜出那是什麼不幸：一定是先生不再愛她之類的事情。萬一先生再也無法忍受婚姻生活，並造成困擾，那會發生什麼狀況呢？妻子可能會做傻事，結果可能會倒在地上不省人事。事實上，這在一次家庭口角的過程中也真的發生過。

於是我們對這個夢的理解就又前進了一步。在做夢的時候，人的思想和感受的世界以何種題材發揮、以何種題材呈現問題，那都是無關緊要的，只要這些題材有助於表達就行了。在夢境中，人的人生問題會以**譬喻的方式**呈現（不要爬太高，才不會跌得太深！）。這讓我們想起在一首詩裡描述的夢：歌德的〈婚禮之歌〉（Hochzeitslied）。有個騎士從外地回來，發現他的城堡無人照料。他疲倦地躺在床上，接著在夢中看到有小矮人從床底下跑出來。他注意到他們正在舉行結婚典禮。這個夢讓他十分安慰。因為他正想著應該要娶個太太，而這個夢彷彿是支持他的想法。他在夢中看到的迷你慶典，很快就以盛大的規模進行了：他也舉行了自己的婚禮。

在這個夢裡有幾個我們已知的元素。這背後隱藏的一定是詩人的感受：他自己這時也為結婚問題而苦惱。[2]我們看到，在外在的困境中，做夢者對自己當前的狀況形成一個看法，那就是他在大聲呼喊著結婚。他在夢中專注於結婚的問題，就是為了醒來以後可以下定決心走入婚姻。每個夢的任務都在於發出最合適的聲音，以達成浮現在眼前的目標。

接下來要講的是一位二十八歲青年的夢。其中那條起起落落的線條，就像記錄發燒溫度的曲線，顯示了貫穿了這個人內心生活的活動。我們明顯看到一種自卑感，所有追求優越的努力，都是基於這個出發點。這個青年說：

我夢到和一大群人出遊。途中因為搭乘的船太小了，我們必須下船在城裡過夜。夜裡傳來消息說，那艘船快要沉了。所有人都被叫到船上用幫浦抽水，以防止船的沉沒。我想起我的行李裡有貴重物品；當我趕到船邊時，發現所有人已經都在幫忙抽水了。我避開他們，跑去找我的行李。我總算找到了，並把背包從船窗裡拉出來。我還看到背包

2 譯注：這首詩作於一八〇二年，歌德五十三歲。歌德於一八〇六年才與克莉絲提安妮（Christiane）結婚。

旁有一把別人的瑞士刀，是我很喜歡的款式，就一起塞進背包了。由於船漸漸沉沒，眼見就要滅頂了，我就跟另一個熟人從船上一個隱密的地方跳到海裡，迅速游回陸地。由於堤防太高了，我就一直往前走，來到一處陡峭的山谷，而我沒有別的路可走。我只好往下滑（那個一起跳海的朋友從離開船之後就沒有再看到了），而且越滑越快，我開始擔心自己可能性命不保。我終於滑到谷底，正好倒在一個熟人的腳下。那是個年輕人，我其實不算認識他，只在一次罷工期間看到他在指揮部裡非常活躍，因為他對我很友善，而對他印象很好。這時他彷彿知道我背棄了船上其他人，用責備的語氣對我叫道：「你到底在找什麼東西？」山谷四面都是陡峭的岩壁，有些繩子從上面垂降下來。我想從山谷裡爬出去，但是不敢用那些繩子，因為繩子非常細。而我自己用手腳攀爬的時候，總是一再滑下來。最後終於到了上面——我不記得是怎麼上去的；好像我是故意沒有夢到這段情節，宛如因為不耐煩而想跳過去。在上面的懸崖邊上有一條路，路邊有欄杆，路過的人們還友善地跟我打招呼。

我們回溯這位做夢者的人生，他說他在五歲之前不斷生重病，後來也老是臥病在床。由於身體虛弱，父母戰戰兢兢地呵護他，在那段期間幾乎沒有接受其他孩子。他想加入大人的圈子，卻又被父母阻止，說小孩不可以插嘴。所以他很早就錯失了和他人相處的經驗，以及只有和他人持續接觸才學得到的東西。另一個後果是，他總是落後同年齡的孩子一大段距離，總是跟不上其他孩子的進步。這也難怪他在孩童間總是被當成笨蛋，變成他們嘲弄的對象。這個處境也讓他找不到朋友。

由於這種狀況，他原本很嚴重的自卑感更加雪上加霜。他的父親心地很好卻容易暴怒（職業軍人），母親很軟弱、愚昧、控制欲卻非常強烈。雖然父母親總是強調他們的善意，但是我們只能說他受的教育相當嚴厲。屈辱在其中扮演了重要的角色。有一起事件很能說明狀況，也成為他最早的童年記憶。當時他只有三歲，母親讓他在一堆豌豆上跪了半個小時，因為他不聽話。至於為什麼不聽話（他的母親一定很清楚，因為孩子把理由說出來了），那是因為他被一個騎士嚇到，而拒絕替媽媽拿個東西。他基本上很少挨打，但如果挨打的話，一定會用一根有流蘇的訓狗鞭，而且在處罰過後，他必須乞求原諒，還得說出他挨打的原因。「小孩子應該要知道自己闖了什麼禍，」父親總是這麼說。還有一次父母親因為誤會他而打他，打完以後，他說不出來挨打的原因，於是又挨了一頓揍，如此一直重複，直到他隨便找個理由承認為止。

所以他從小就對父母親有敵意。這孩子的自卑感太重了，使得他完全不知道優越是什麼感覺。他的生活，無論是在學校或是家裡，是一連串大大小小的羞辱。就連最微不足道的勝利（從他的角度來說），他也從來沒能得到。在學校裡，一直到十八歲，他都是大家嘲笑的對象。有一次甚至連老師也嘲笑他：老師在課堂上朗讀他差勁的作業，還用尖銳的評語加以嘲弄。

這類事件漸漸把他逼到孤立中。他也開始刻意躲避其他人。在與父母對抗的過程中，他採取了一種有效卻後患無窮的抵抗手段：他拒絕使用語言。如此一來，他放棄了和周遭環境建立關係最重要的工具。他再也無法和任何人談話。他感到很孤單。沒有人理解他，他也不跟任何人說話，尤其是父母親，於是也沒有人想對他說話。一切和其他人建立關係的嘗試都失敗了，而日後建立愛情關係的努力更是受挫，這是他覺得特別痛苦的事。

他的人生就這樣來到二十八歲。內心充斥著深深的自卑感，使得他的好勝心特別強；如脫韁野馬般地追求勝利和優越的衝動，使他的心不得安寧，而他的社群情感也遭到罕見的阻塞。他話說得越少，內心生活就越擾動不安，日日夜夜充滿了各式各樣關於勝利和成功的夢想。

於是有一個晚上，他做了上述的那個夢，在其中，有一種運動清楚地呈現出來，那就是他內心生活的路線。

最後我們再提一個西塞羅講述的夢，那是預言的夢當中最著名的一個：

詩人西摩尼德斯（Simonides）有一次看到一具不知名的屍體躺在路邊，也沒有人理會，就替他辦了體面的後事。後來有一天，他打算乘船遠行，那位心存感激的死者就到夢中來警告他：如果他搭上那艘船，就會死於船難。他於是沒搭船，而所有搭那艘船的人都喪生了。（見尼爾森的《不可知事件千年見聞錄》〔Emno Nielson, *Das Unerkannte auf seinem Weg durch die Jahrtausende*, Ebenhausen b. München, Verlag Langewiesche-Brandt, 1922〕）[3]如前所述，這種和夢有關的神祕事件，許多世紀以來引起人們極大的關注，也給人們留下深刻的印象。

[106]

當我們就這個夢提出看法時，必須特別強調，那個時代的船難是很頻繁的，再者，也許正因為如此，有很多人會夢到有人要他們放棄出海，而在許多夢境中，偏偏這個夢剛好和現實吻合，於是流傳後世。我們可以理解，喜歡寰宇獵奇的人會特別偏好這種故

3譯注：阿德勒時代的暢銷書，蒐集了從古到今無法用科學解釋的名人奇遇。西摩尼德斯的故事出自西塞羅《論占卜》第一卷56節（Cicero, *de divinatione*, I. 56.）。

事，然而我們對這個夢實事求是的理解是：我們的詩人由於擔心生命的安危，可能不是很想從事這趟旅行，所以到了必須下決定的時候，他就替自己**找救兵**了。某種程度我們可以說，其實是他讓那位死者跑來感謝自己的，而詩人也理所當然地採納死者的建議不上船了。如果那艘船沒有沉沒，後人很可能也不會知道這個故事。因為在這裡，我們只會注意到那些讓我們的大腦陷入不安的東西；那些東西讓我們了解到天地之間藏有更多智慧，是我們做夢也想不到的。夢境裡的預言在某些情況下往往是可理解的，因為夢境和後來的現實都符合一個人對該事件的態度。

我們還必須考慮一個狀況，那就是並非所有夢境都那麼容易解讀。其實只有極少數的夢是可以理解的。要麼我們把夢立刻忘掉，要麼，如果有什麼印象留下來的話，我們通常都不知道背後有什麼含意，除非你剛好知道個體心理學如何做夢的解析。這些留下來的夢，也適用上面說過的話：夢境是以譬喻和象徵的方式傳達人的行動軸線。譬喻（Gleichnis）最主要的意義，是把我們置於一個狀況，喚起我們強烈的**共鳴**。如果某人有個問題待解決，其人格又有某個傾向，那麼根據經驗，他會希望有人推他一把。在這點上，夢境非常適合用來強化這些共鳴或推力，它們是人為了解決問題所需要的東西。即便做夢的人對此並不了解，也不會改變這個事實。他只要有題材、有推力就夠了。然後夢境將以某種方式把做夢者的思想軌跡標示出來，也就是約略指出做夢者的行動軸線。就像是一股煙意味著某處著了火。有經驗的人甚至能據以推斷說著火的東西是木頭。

所以我們可以總結說，夢境顯示做夢者面臨一個人生問題，以及他用什麼方式對這問題採取立場。在夢中有兩個尤其重要的因素，它們也會留下蹤跡，那就是社群情感以及對權力的渴望；做夢者在現實生活中對環境採取態度時，這兩個因素同樣會發揮作用。

六、天賦

上述這些心理現象讓我們有機會對人的本質做出推論。但是我們還漏掉一個和人類思想以及認知能力相關的東西。我們並不重視人如何看待或描述自己，因為我們相信他的看法可能是錯的，而且每個人出於利己主義和道德的各種興趣和考量，會想要在別人面前美化自己的內心形象。儘管如此，我們還是可以透過他的思考和語言做出若干（即使是有限度的）推論。當我們要評斷一個人時，絕對不能排除思想和言說的領域。

關於人的判斷能力（Urteilsfähigkeit）（人們習慣泛稱為**天賦**〔Begabung〕），人們做了很多觀察、分析以及測驗，尤其是對孩童和成人鑑定智力的測驗。我指的是**資優生測**

[108]

驗。這種測驗一直不怎麼成功。許多學生報名參加這種測驗，可是老師們不用測驗早就知道結果了。實驗心理學家一開始還引以為傲，儘管這種測驗其實是多餘的。資優生測驗的另外一個顧慮是，孩童的思考和判斷力的發展不是一成不變的；有些在資優生測驗成績不好的孩子，幾年之後卻會突然展現出色的天賦。另外一個重要考量是，大城市的孩子，或者出身生活富裕的階級的孩子，只要接受特定訓練，就能靠敏捷的反應讓人誤以為天分比較高，而把其他資源不足的孩子比下去。我們知道，八到十歲的中產階級家庭的孩子，通常比無產階級家庭的同齡孩子反應更加敏捷。但這並不代表前者的天賦比較高；那不過是反映出孩子測驗前的經歷罷了。

所以資優生測驗一直成效不彰，如果你注意到柏林和漢堡那些可悲的結果的話：在那些資優生測驗成績很好的孩子，有許多人後來都表現欠佳。這個現象顯示，資優生測驗的結果並不是孩童發展的可靠指標。相較之下，個體心理學的研究就遠遠更經得起考驗，因為這種研究不只是要確定一個發展階段，更要掌握其理由和原因，必要時也會提供補救辦法，也因為個體心理學不會把孩童的思考和判斷力從他的內心生活裡抽離出來，而是放在整體的脈絡裡加以觀察。

〔第七章〕兩性關係

一、社會分工與兩性社會

由至今的論述，我們知道，內心生活中有兩個支配性的原則，它們影響且產生一切的心理現象，也就是說，人在建立且保障他的生活條件、在滿足人生三個主要任務（愛、職業和社會）時，不只會（一）開展他的社群情感，也會（二）追求認可、權力和優越。我們將必須習慣，不管是什麼心理現象，都會根據同一個問題來判斷：這兩個因素在量和質上的關係。如果我們要進一步理解人的內心，就必須堅定地往這個方向進行探究。因為這兩個因素的存在決定了一個人是否理解人與人相處的邏輯，是否能融入根據這個邏輯產生的社會分工。

社會分工（Arbeitsteilung）就人類社會的保存而言，是不可迴避且必然的因素。在這個制度下，每個人都得在某個崗位上做好他的工作。如果一個人拒絕這個要求，就等於反對了社會生活的保存、或甚至人類物種的存續；他因此放棄了團體成員的角色，而成為擾亂者。情節輕微時，我們說他是搗蛋、胡鬧、孤僻；狀況嚴重的話，我們則說他是怪物、神經病、野人或罪犯。這些現象的分判，完全取決於他們和社群生活的要求的距離以及對立程度。所以，在社群分工給每個人指派了職位以後，一個人用什麼方式去執行他的工作，就決定了這個人的**價值**。透過對社群生活的肯定，他可以成為對其他人重要的一員，成為整部巨大機器裡的一個齒輪：人類社會的存在就是以此為基礎；你沒有辦法想像一個沒有分工合作而不會立刻崩潰的群體生活。一個人具有什麼能力，就會在人類社會的整個生產過程裡得到什麼位置。不過在這裡往往會有一些混亂，因為權力追求、支配欲以及其他各種倒錯，會擾亂或阻礙分工的進行，並且給個人價值的評斷建立了錯誤的基礎。或者因為個體出於各種原因而沒有適才適任。要不然就是有的個體出於權力欲以及偏差的好勝心，而在人們的相處上產生了困難，也為了自己以及自私的利益而破壞了合作。也有其他的糾葛是源自於社會的階級劃分，因為個人的權力或經濟利益左右了勞動領域的分派，以至於若干特權落到某個社會團體手裡，而排除了其他團體。如果我們認識到對權力的渴望在這些現象裡扮演的重大角色，就會明白為什麼社會分工的過程從來都不會很平順。暴力總是會不斷介入，把某些人的工作變成特權，又把另一些人的工作變成壓迫。

然而這樣的社會分工也會取決於一個事實：人類的性別。這使得一部分人（女性）由於身體構造而被排除在特定職位之外；另一方面，也有某些工作基本上是男人做不來的，因為他們另有更好的安排。然而社會分工本來應該按照完全沒有成見的標準來進行。就連女權運動（至少在她們沒有因為激烈的鬥爭而走過頭的時候）也接納這種觀點的邏輯。這種分工不是要抹滅女性的性別特質，也不是要破壞男人（或女人）和適合他們的工作之間的自然關係。在人類歷史的發展上，社會分工已經讓女性負擔一部分男性原本也可以擔任的工作，以使後者能把力量用到更有益的地方。我們不能說這種分工法是沒有道理的，只要勞動力沒有因此而閒置，人們精神和身體的力量也沒有因此被濫用的話。

二、男人在當今文化中的優先地位

由於文化的發展走向權力追求，尤其是某些個人或階層極力確保自己的特權，使得社會分工走向某個軌道，而至今仍然有著主導性的影響，其結果是，男尊女卑成為人類文化的顯著特色。於是社會分工變成：優先地位被特權團體掌握，也就是男人；這些男性又憑藉著統治地位，依據自己的想法和利益，影響著女性在生產過程和社會分工中的地位，為她們的生活畫下界線，而自己則可以實現讓男人感到舒適的生活形式，而且決定女性的生活形式，也就是女人要服從男人的觀點。

以現在的狀況來說，男人不斷想要追求相對於女性的優勢，女人也對男人的特權感到不滿。考慮到兩性之間的緊密關係，我們不難理解，這種緊張狀態，對雙方的心理和諧的持續衝擊，會導致影響深遠的困擾，並產生一種讓兩性都感到格外痛苦的普遍心理。

我們所有的機構、傳統規範、法律、以及風俗習慣，都是男人享有特權地位的明證。這個特權地位是男人的目標，也被男人握在手裡。這特權地位甚至闖入孩童的房間，對孩童心理產生巨大的影響。我們也許不能高估孩童對這件事的理解，但是不能不感覺到，這種感受是深植於他們內心的。比如當一個男孩想要穿女孩的衣服，往往換來激烈的責罵——當這樣的現象出現時，我們就有足夠的理由來研究其中的關聯。這就引導我們從另一個方向對權力追求進行觀察。

當男孩對認可的渴望達到某個強度，就會偏好選擇一條處處可以見到男人特權的路。如前所述，現在的家庭教育尤其適合培養男孩子對權力的渴望，同時也讓他更加重視並努力爭取男人的特權。因為在大多情況下，在小孩面前象徵權力的那個人都是男人，也就是他的父親。比起母親，父親的出現和離開都像謎一樣，引發小孩子更大的興趣。很快他就會注意到，父親的身分是優越的；父親可以發號施令，指東道西，領導一切；他看到所有人如何服從父親的命令，以及母親如何以父親的意見為依歸。在所有方面上，這個男人都以強者和掌權者的姿態出現在孩子面前。有的父親讓孩子感到權威感十足，使得孩子相信父親不管說什麼都是神聖的，若要證明自己的意見是對的，只要回答「這是爸爸說的」就夠了。就算在有些情況下，父親的影響沒有這麼顯著，但是在孩子的印象中，父親仍然佔有優勢地位，因為全家的重擔似乎都落在父親身上，儘管實際上是因為家庭分工的方式讓父親更有機會發揮他的能力。

在談論男人霸權的歷史起源時，我們必須指出，這種霸權地位的出現並不是自然事件。我們光舉一件事就能說明：男人的統治是在制定了相當數量的法律之後才確定的。這同時也指出，在以法律確立男人霸權之前，一定有若干時代是男人特權一點也不穩固的。事實上，這種時代在歷史上也已經被證實了。那就是**母系社會**的時代。在那個時候，在生活中扮演決定性角色的是母親，也就是女人，特別是在關於小孩的事務上。與母親同族的其他男人則對孩子負有某種義務。今天我們還有些習俗和慣例是源自於那個時代的，比如在不正式的場合裡讓小孩子對每個男人叫「叔叔」。從母系社會過渡到父權時代，其實經過了激烈的鬥爭。這證明了，男人習慣相信自己天生享有的特權，並不是一開始就擁有的，而是艱苦爭奪的結果。男人的勝利也就等於女人的屈服，而最能刻畫這個臣服過程的，就是立法的過程。

因此，男人的霸權原本並不是自然狀態。有跡象顯示，在和鄰近部族的持續戰爭中，人類才發現必須讓男人擔負重要角色，最後男人則利用這個機會奪取了領導權。與此同時，還有**私有財產制**和繼承權的發展；這些制度都擴大了男人霸權的基礎，因為繼承者和私有財產的擁有者通常都是男人。

成長中的孩子並不需要閱讀討論這些議題的書籍。就算對這些問題一無所知，但是，男人作為繼承人以及特權階級的既存事實，還是會對孩子造成影響，即使明理的父母願意為了性別平等的緣故而放棄從舊時代傳下來的特權。要讓小孩子明白，負擔家務的母親是和男人平等的搭檔，那是無比困難的事。想像一下，當一個小男孩從出生的那一天起，就處處看到男性的優先地位，那將對他意味著什麼。光是出生時，他就比女孩子更受歡迎，被當成王子大肆慶祝。父母親都比較想生個男孩，那是眾所周知也普遍存在的現象。男孩不管在哪裡都感受到，作為男人的後代，他得到種種優待也更受重視。各種對男孩所說的、或者一些偶爾被男孩學起來的語詞，總是一再地提示他，男性是個更重要的性別。男性原則的優勢地位還會以一種形式出現在男孩面前：家中的女人總是從事比較不受重視的工作，而且就連孩子身邊的女人也往往不能確信自己和男人是否平等。她們大多扮演著次要的和低下的角色。一個女人在踏入婚姻之前，原本應該對男方提出一個非常重要的問題：對於文化裡、特別是在家庭裡的男人至上原則，你的態度是什麼？但是大多數女性終其一生都沒有清楚的答案。結果是，在某些情況下，女人會更強烈地表達爭取與男人平等的企圖；也有的女人會死心和放棄。另一方面，是作為父親的男人，他自己在男孩的成長過程中，就確信男人必須扮演更重要的角色，也感到那是一種義務，所以他總是用對男人的特權有利的方式去回應人生和社群裡的各種問題。

所有由這種關係產生的情境，小孩子都跟著體驗到了。他會由此得出無數關於女性本質的形象和觀點，在其中，女性一般說來都是屈居下風的。小男孩的心理發展於是得到一種男性的角度。在對權力的渴望中，他能感到的值得追尋的目標，幾乎清一色都是男人的特質和觀點。從上述的權力關係裡，產生了一種男人的美德，而這種美德也標榜著它的源頭。有些性格特徵被認為是「男性的」，有些則被視為「女性的」，然而沒有任何基礎事實可以合理化這種價值判斷。因為，當我們把男孩和女孩的心理狀態做比較，並且找尋支持這種分類的根據時，我們不能說那是自然的事實。我們確實在他們身上找到這種現象，但是他們早已經落入某個框架裡的，他們的人生計畫、他們的主要軸線，都已經侷限於偏差的權力認知。這種權力關係替他們強迫指定了發展的舞台。所以，把性格特質區分為男性和女性的，其實是站不住腳的。我們將看到，不論是哪一種特質，都能滿足對權力的渴望；即使憑著「女性的」手段，例如順從和屈服，也都可以施展權力。一個因為聽話而得到嘉獎的孩子，有時候可以比不聽話的孩子更容易達到目的，雖然這兩個孩子都是出於對權力的追求。人的內心生活之所以難以觀察，那是因為對權力的追求可以透過南轅北轍的性格特質去實現。

男孩再長大一點，對男性身分的重視簡直成了他的義務。他的好勝心、對權力和優越的渴望，會完全配合這個性別義務，或者被看作同一回事。許多孩童在追求權力時，光是在心裡意識到自己是男性仍不夠，還想一直展示且證明自己是男人，因而必須享有特權。他們總是一方面力求出人頭地，以炫耀其男性特質，另一方面則對周遭的女性展現其優越感，一旦遭遇抵抗，就會變本加厲，像暴君那樣，不論是透過傲慢的對抗、放肆的暴怒或者狡猾的詭計，也都要想辦法佔上風。

既然這種享有特權的男性特質成了衡量每個人的理想標準，也就難怪為什麼人們總是以此要求男孩子，為什麼男孩們最後也以此為自己的標準；他會一直問自己，也一直觀察，他的生活方式是否具有男人特質、他自己是否足以稱為一個男人之類的。今天我們如何設想「男性」，大家都很清楚，不外乎自我中心、自私自利的心態，也就是優越感，想要凌駕在他人之上，這些心態甚至有看似積極進取的性格特徵在推波助瀾，比如說，勇敢、堅強、自命不凡、喜歡把自己的豐功偉業掛在嘴上，尤其是當他勝過女性或取得公職、榮譽、頭銜時，習慣於抗拒「女性的」感情衝動之類的。那是對於個人優越的無止盡的追求，只因為優越代表著男子氣概。

於是，男孩子的特質都是以成年男性（特別是父親）為榜樣而習得的。我們到處都能看到這種刻意培養的過度自大（Größenwahn）所造成的問題。男孩會很早就產生行為偏差，追求過多的權力和特權，因為這就是他所認知的「男人」的意義。嚴重的時候，他們會發展成粗魯而殘暴的人，而且這種現象並不少見。

男人的身分所帶來的好處是非常誘人的。所以我們往往會看到有些女孩子也把男性理想當作她們的主導原則：要麼作為一種無法實現的渴望，或者作為評斷自身行為的標準，或者是待人處事的準則。（康德曾說：「在文化生活裡，每個女人都想當男人。」）例如說，有些女孩子對某些遊戲或活動會有克制不住的衝動，雖然從身體條件來看，那些活動比較適合男孩，例如什麼樹都要爬上去、老是在男孩群體中穿梭、拒絕所有女生的活動，好像那是很丟人的事。她們只在男生的活動裡才能獲得滿足。所有這種現象，都必須從人們對男性的偏好加以理解。我們在此清楚看到，優勢地位的爭奪，以及對優越感的追求，其實只是延伸到表象，而不是對應到現實以及生活中真實的地位。

三、對女性劣勢地位的偏見

男人在合理化自己的主宰地位時，除了主張這個地位是天生的以外，大多還會提出一個理由，說女人是劣等的存在。這種觀點普遍到幾乎成為人類的共同信念。和這個觀點緊密相連的，是男人的某種不安；這種不安可能是在和母權社會鬥爭的時代遺留下來的（在那個時代，女人的力量確實對男人構成威脅）。我們在歷史和文學裡到處都遇得到這種訊號。比如一個羅馬作家就說：「女人是男人的禍害。」（Mulier est hominis confusio）基督教的大公會議曾經熱烈地討論過女人是否也有靈魂；也有人曾寫過博學深思的論文，探討女人究竟算不算人類；持續好幾個世紀之久的女巫妄想和女巫迫害，為當時人們對女人問題的謬見及其巨大的不安和困惑，留下了令人悲傷的見證。女人常常被說成世界上一切災禍的原因，比如聖經所說的原罪，或者如荷馬的《伊利亞德》（*Ilias*）所說的，一個女人的作為如何毀滅了一整個民族。所有時代的傳說和童話都包含了貶抑女人的訊息，指稱她們道德低落、放蕩、惡毒、虛偽、反覆無常以及不可信賴。「女性的輕佻」甚至成為立法懲罰的理由。同時，他們極力貶低女人的幹練和工作能力。每個民族的俗話、傳說、諺語和笑話，都充滿這種貶低女性的批評，說她們好鬥成性、不守時、眼光短淺、愚笨（裙子長，見識短）。人們絞盡腦汁地想要證明女人是劣等生物。這樣的人不勝枚舉，史特林堡（Strindberg）[1]、莫比烏斯（Moebius）[2]、叔本華（Schopenhauer）與魏寧格（Weininger）[3]只是其中幾位。甚至還有為數可觀的女人也加入他們的行列：這些女人放棄抵抗，認同了女性的劣等地位，接受被分配到的次等角色。同樣的，女性勞動者的工資，不管其產出比男性勞動者高或低，一律遠低於男人的水平；這也表現了對女人的鄙視。

從資優生測驗的結果來看，確實有些證據顯示，在某些學科上，例如數學，男孩子展現比較高的天賦，但是在其他學科上，例如語文，卻是女孩子的表現比較好。人們看到，在那些為男性職業預做準備的科目上，男孩子的天賦確實高於女孩子。不過這種結果只是個表象。我們仔細觀察女孩們的處境就會發現，女性能力比較差，那只是一種歷史虛構，只是似是而非的謊言。

女孩子不管走到哪裡，每天都會聽到一種說法（儘管表達方式不一而足）：女孩子的能力比較差，只適合比較簡單、位階較低的工作。可想而知，一個沒有能力檢驗這種

1譯注：十九世紀至二十世紀早期的瑞典作家；晚期作品把女性描述為男人的禍害。
2譯注：十九世紀德國神經學家，曾寫書論述女性智能低下的生理學基礎。
3譯注：十九世紀奧地利哲學家與心理學家。用男女二元論解釋人的現象，女性原則代表道德與天分上低劣的一端。

判斷的小女孩，也會把女人的無能視為不可改變的命運，最終也相信自己是個沒有能力的人。失去信心之後，她對那些學科（如果她真有機會讀書的話）一開始就提不起勁，或者很快就喪失興趣。所以她無論外在或內心都缺乏足夠的學習準備。

在這種情況下，那些指出女人能力低下的證據，看起來當然是對的。這種錯誤是由兩個原因造成的。一方面是因為人們始終以職業和職務的表現去評斷一個人的價值；這大抵上都是出自片面而自私的動機，他們不想追問那些工作表現及工作能力和一個人的心理發展有什麼關係。另一方面，如果我們仔細探討人的心理發展，就會找到第二個主要原因：人們對女性工作能力的誤解是怎麼產生的。大家往往會忽略到，一個女孩子從小就不斷從身邊的人聽到一種偏見，而容易動搖她的自我價值感和自信心，也使她不容易期待自己能夠出人頭地。當她看到，女性不管在任何地方都只能扮演配角，上述的偏見就更加根深柢固。我們也就不奇怪，這種女孩子為什麼會喪失勇氣、自暴自棄，最後在人生的任務面前裹足不前。所以她當然是無能的、不中用的。不過，如果我們對一個人耳提面命，要他重視旁人的意見，再剝奪他一切希望，讓他以為自己終究什麼也做不到，以這種方式毀掉他的信心，然後真的看到他一事無成，那麼我們絕不能說，這是我們有先見之明，而必須承認，這個人的不幸是我們造成的。

所以，在我們的文化裡，一個女孩子要維持對自己的信心和勇氣，那是不容易的事。此外，就連在資優生測驗裡，也產生一種奇特的現象：有一群女孩，年齡從十四到十八歲，她們的成績比所有其他群組的孩子（包括男孩在內）都更優異。進一步的研究顯示，這些女孩的家庭裡清一色都有女性（也就是母親）從事自主的工作，甚或是家中唯一工作的人。這代表了這些女孩在家裡沒有受到「女性能力低下」的偏見的影響，或者影響程度比較小，因為她們自己看到了母親如何以優秀的能力養活家人。所以這些女孩能夠更自由且獨立地發展；一切和這種偏見有關的阻礙，對她們幾乎都沒有影響。

還有個可以推翻這種偏見的證明是，有為數不少的女性，尤其是在文學、藝術、科技和醫學等各種極其不同的領域裡，她們都貢獻卓著，而且和男人相比之下毫不遜色。此外，那些不只沒有任何貢獻，而且還極為無能的男人簡直多如過江之鯽，使得我們也能用相同份量的證據支持「男性是劣等性別」的偏見（當然這同樣是沒道理的）。

一個造成嚴重後果的附帶現象是，如前所述，這種把一切女人視為劣等存在的偏見，導致了很荒誕的概念二分法：人們習慣把男性的概念和高貴、強健、勝利聯想在一起，而把女性的概念和順從、服事、卑下畫上等號。這種思維方式在人類思想裡牢不可破，以至於在我們的文化裡，一切優秀的事物都有些男人氣息，而不那麼高貴的、應予否定的事物，都被扔到女性這邊來。我們都知道有一種男人，你對他最大的侮辱，就是說他娘娘腔，但是另一方面，女孩子如果有男孩的氣質，並不是什麼有害的事。結果總是這樣：一切與女性有關的氣質，都被呈現為劣等的東西。

所以，那些現象雖然明確支持這種偏見，但是在進一步的考察之後，我們發現那不過是心理發展遭遇挫折的結果。我們並不是要主張說，我們能把每個孩子都變成一般所謂的「天才」或是工作能力很強的人，但是我們願意相信，我們有能力把每個孩子變成一般所謂**沒有天賦**的人。只是我們從來沒有這麼做，但是我們知道有其他人辦到了。而這樣的命運主要是落在女孩身上，而不是男孩子，那是很容易理解的事。我們往往有機會看到，這些「沒有天賦」的孩子有一天表現出來的天賦，簡直就像是從一個沒有天賦的孩子蛻變成天才兒童。

四、逃避女性的角色

男性的處處優先，嚴重干擾女性的心理發展，讓女性幾乎普遍對自己的性別角色感到不滿。女性的內心生活的軌道和基本條件，也就和所有自卑感強烈的人沒什麼兩樣。

女性的心理發展遭遇的沉重打擊，就是把女性視為天生劣等的這種偏見。如果說，有不少女孩的這種傷害能夠多少得到補償，那也要歸功於她們的性格養成、她們的才智，或者也會透過某些特權去補償，但是這些特權只會招致另一個偏差而已。這種特權包括免除義務、生活的享受、慇勤的呵護等等；由於表面上對女人的重視，所以產生女性優先的假象，但是說到底，這些都是某種理想化的東西，其實還是要創造出一種為男人服務的理想女性。對此，一位女士曾說，儘管有點誇大：「所謂的女子美德，只是男人的巧妙發明。」

在反抗女性角色的鬥爭裡，一般說來可以看到兩種類型的女性。一種是我們約略提到過的，積極朝著「男性」面向發展的女孩。她們活力充沛、有雄心壯志、好勝心很強。她們努力勝過自己的兄弟和男同學，特別喜歡從事男孩子的活動，包括各類運動。她們也時常抗拒愛情和婚姻關係。如果她們進入這種關係裡，也往往會因為總是要支配對方、要壓倒對方，因而造成關係的破裂。她們對一切的家事無比厭惡，要麼直截了當地說自己討厭家事，要麼委婉地說自己沒有這方面的才能，有時甚至還試著證明自己對做家事一竅不通。

這種女性嘗試用男人的模式來補救問題。對女性角色避之唯恐不及，就成了她們整個存在的基本特點。有時人們會用「男人婆」（Mannweiber）的字眼稱呼她們。然而這是一種錯誤的理解，好像這種女孩天生有一種男性的元素和本質，才使她們不得不採取這種人生態度。然而整部文化史都告訴我們，女性所受到的壓迫和限制，這些到今天她們都還無法擺脫的東西，對一個人來說是無法忍受的，是會逼人反叛的。如果她們採取了一種讓人們覺得「像男人」的路線，原因就在於，要在世界上好好生活，實在只有兩條路可選，要麼像一個被理想化的女性，要麼像一個被理想化的男性。所以，每一種打破女性角色的努力，一定會以男人的形象出現，反之亦然。不是因為受到什麼諱莫如深的東西的影響，而是因為從空間和心理來說，並不存在其他可能。所以我們必須注意到，女孩們的心理發展是多麼崎嶇艱難。只要她們無法得到與男人平等的對待，我們就不能期待女人可以和人生、文化、共同生活的形式全面的和解。

另外還有一種女性，她們抱著聽天由命的人生態度，表現出近乎不可思議的配合、順服和謙卑。表面上她們任何時候都配合別人，任何時候都願意幫忙，卻又如此笨拙和死板，以至於什麼事也做不好，讓我們不得不產生懷疑。或者她們產生神經方面的症狀，突顯她們的柔弱和需要特別顧慮，同時也就顯示出，這種對女性的馴服、對女人的壓迫，一般說來都會導致神經方面的疾病，並使她們失去面對社會生活的能力。她們是世界上最好的人，可惜並不健康，無法勝任別人對她們提出的要求。長久下來，她們無法贏得周遭人們的滿意。她們的順服、謙卑和自我設限，也是建立在一種反叛之上的，跟上述第一個類型並無二致；她們彷彿要藉此大聲說出：這可不是什麼充滿歡樂的生活。

還有第三種女性：她們雖然不排斥女性角色，卻痛苦地意識到，自己是一種劣等的生物，永遠只能扮演配角。她們完全相信女性是劣等的，也相信只有男性才有資格成就豐功偉業。所以她們也支持男性的特權地位。於是，她們附和多數人的聲音，相信一切的工作能力都是男性專屬，也要求男性應享有特殊地位。另一方面，她們會突顯自己的柔弱，宛如在尋求一種認可和支持。不過，就連這種態度也是潛伏已久的反叛的突現，因為結果常常是，女性不斷地把自己在婚姻中的責任推卸給先生，既然她們坦承那些事情只有男人才辦得到。

生活中最重要也最困難的任務，就是子女的教育，儘管一般的偏見認為女性比較劣勢，但這個任務大抵上仍然落在女性身上，於是我們有必要考察，這幾個類型的女性在扮演教養者的角色時會產生什麼結果。在這過程中，我們還可以突顯她們彼此之間的差異。第一類型由於在生活上處處模仿男性，也會採暴君式的管教方式，她們會大吼大叫，動輒處罰孩子，因而造成孩子很大的壓力，而小孩們當然也會想辦法逃避。她們頂多只是讓小孩不敢反抗，但這是徒勞無功的。她們往往只是讓孩子覺得，這樣的母親實在是不及格。母親的吼叫、責罵和小題大作，產生的效果是非常差的，甚至可能鼓勵女孩日後如法炮製，使得孩子終身無法擺脫恐懼。在這種母親的支配下長大的男人，有不少人會對女人敬而遠之，好像他們早已經打了預防針，對女性對象再也無法寄予任何信賴。於是，兩性之間爭吵不斷，偶爾也導致同性戀，這時我們已能明顯感覺到那是病態的，儘管還是有些人會胡扯說那是「男性和女性的本質的分配不均」。

另外兩種女性在教養方面同樣遭遇到挫折。她們完全沒有主見，使得孩子很容易察覺到母親的缺乏自信，然後就爬到母親頭上。母親大抵上會一再嘗試管教，不斷警告小孩，有時也會威脅說要告訴父親。然而，由於她們總是依賴男性的教養者，也就再度透露了，她們並不相信自己在教養方面會有什麼成就。所以她們即便在教養小孩時也一直關注撤退路線，彷彿她的任務只在於捍衛她身為女性的立場，也就是只有男人才是能幹的，所以在教養工作中也只有男人是不可或缺的。或者這類女性由於感覺自己什麼也不行，所以根本拒絕教養小孩，並把責任推卸到男人身上，或者推給家教老師和其他人。

有些女孩對於女性角色的不滿表現得更為激烈：她們出於特殊的、「更崇高的」原因而和生活疏離，例如說進入修道院，或者選擇有獨身義務的職業。由於她們和女性角色的衝突無法化解，也就放棄了為自己的角色任務做準備。我們也發現，有些女孩希望盡快找到工作，只是因為工作的獨立性形成一種保護網，讓她們沒有那麼容易被婚姻束縛。在這種立場裡，對傳統女性角色的排斥再度構成了驅動她們的因素。

就算女孩結了婚，人們以為女方接受了這個女性角色，但是即便如此，還是有些案例顯示，結婚一點都不能證明這個角色衝突的問題已經解決了。有個典型的案例，是關於一位年約三十六歲的女性。她為了神經方面的各種病痛來求診。她家裡有兩個孩子，她是老大，父親年事已高，母親則有強烈的支配欲。我們想到為什麼她母親（一位非常漂亮的女性）會嫁給一個老先生，不禁猜想對女性角色的疑慮可能是這場婚姻中的重要因素，並且影響了配偶的選擇。她父母的婚姻並不好。母親在家裡說話非常大聲，會毫無顧忌地遂行自己的意志。老先生在每次衝突中馬上就被逼到角落。根據女兒的說法，母親甚至不准父親在沙發上伸展四肢休息一下。母親總是極力依照自己規定的原則處理家中事務，所有人都不能違犯。

我們的病人從小是個能力很強的孩子，父親也很寵她。母親則是看她很不順眼，從來都只有指責。弟弟出生之後，母親對他疼愛有加，令她完全無法忍受。由於女孩知道父親是她的支柱，所以在和母親對峙時，對母親甚至產生敵意（父親雖然不愛計較又容易讓步，但是為了女兒，也是會強烈抵抗的）。女孩最喜歡攻擊的地方，是母親的潔癖。母親的潔癖程度很嚴重，好比說，她規定家中女傭碰觸門把之後一定得用布擦拭乾淨。所以女孩就老是滿手油膩地到處亂摸，把所有東西弄髒，並以此為樂。基本上，她想要發展的特質，都和母親所期待的正好相反。這點再度顯示，人的性格特質不是天生的。如果孩子完全只發展那些會氣死母親的特質，那麼只會有一個原因：那是有意識的或無意識的計畫。她和母親的戰爭到現在都還在進行當中，你幾乎找不到比她們更嚴重的敵對關係。

女孩八歲大時，家裡的狀況大概是這樣的：父親總是站在女兒這邊，母親總是板著一張凶狠嚴厲的臉，滿嘴都是刻薄的語詞和批評，女兒則喜歡頂撞，卻又對答如流，罕見的機伶讓母親的一切努力都失去作用。雪上加霜的是，母親原本就偏心寵愛的弟弟得了心臟瓣膜的疾病，於是母親的關注更加投注在他身上。值得注意的是，父母親是輪流照顧兩個孩子。女孩就在這樣的家庭氣氛中長大。

後來她就生病了。她出現了某種精神問題，沒人能解釋清楚，而且看起來病得不輕。她的症狀是在心裡一直出現如何對付母親的可怕念頭，她為此感到痛苦不堪；這些念頭讓她相信自己什麼都做不好。最後她突然埋首於宗教，但問題並沒有解決。過了一段時間，這些念頭有一點消褪，有人認為是某種藥物的功效；不過母親似乎也被迫採取守勢了。僅剩的精神病症狀是，她對雷雨有一種莫名其妙的恐懼。依照女孩的想像，雷雨是因為她心裡的惡念造成的，總有一天會招致災難，因為她有如此惡毒的念頭。我們看到，小孩子已經努力要擺脫對母親的仇恨了。

這個孩子就這樣發展下去，而且看起來有個美好的未來在向她招手。有一次，有位女老師的一句話給她留下了深刻的印象。她說，這個女孩子做什麼都沒問題，只要她願意的話。這句話本身很普通，但是對這位女孩來說卻意味著：如果她想貫徹某件事，那她一定辦得到。她這個領悟只導致了一件事：她對抗母親的鬥志變得更高昂了。

青春期的她變成一個非常漂亮的女孩，到了適婚的年齡，也有許多的追求者。然而因為口舌太過犀利，她一再地讓所有關係都無法維持。只剩下一個年紀較大的男人還沒有離開，她也特別受這位先生吸引，所以大家一直擔心，她有可能嫁給這位老先生。不過不久之後，這位先生也離開她了；女孩從此一直到二十六歲都沒有追求者。這種狀況在她的家鄉是很不尋常的，而且大家都不知道原因何在，因為他們對這個女孩的成長經歷一無所知。在孩童時期和母親艱苦對抗的過程中，她變得動不動就愛吵架，令人難以忍受。戰鬥和獲勝是她的基本立場。只要受到母親行為的刺激，女孩就一定要有所行動，一定要追求勝利。她最喜歡的就是口舌之爭；這顯露了她的虛榮心。她特別喜歡可以打敗對手的遊戲；這也突顯了她的「男性」心態。

二十六歲時，她認識一位很正直的男士；他不在乎她酷愛爭吵的性情，認真地對她展開追求。他把姿態擺得非常低，對她百依百順。親友都催促她結婚，她卻一再表示，自己非常討厭這個人，跟這個人的結合不會有好結果。不過以她的性情來看，要做出這種預言一點也不難。在抗拒兩年之後，她終於首肯了，因為她確信，可以把這個男人當成僕人，愛叫他做什麼都沒問題。私底下她期待把這個人當成父親的翻版，因為向來不管什麼事情，父親都會對她讓步。

但是她很快就發現盤算落空了。新婚才過幾天，她就看到這個男人坐在房間裡叼著菸斗，很舒服地在看報紙。每天早上他都躲進自己的辦公室，吃飯時間會準時出現，如果飯菜還沒煮好，就滿嘴抱怨。他要求家裡要乾淨、太太要溫柔、一切要準時，全都是在她看來不可接受的要求，她對此毫無心理準備。她與先生的關係迥異於以前她和父親的關係。她所有的美夢都醒了。她要求越多，先生就越不願意滿足她的願望，而先生越要求她做好家庭主婦的角色，她這方面的表現就越差。同時她不斷提醒他，他其實沒有資格對她做這種要求，因為她明白告訴過他，她並不喜歡他。不過這種話對先生毫無影響。他還是繼續對太太做各種要求，而且毫不容情，以至於她開始對未來完全不抱希望。這位正派的、充滿責任感的先生是在忘我的熱情中追求了她，但是在自以為確定追到太太之後，熱情也就煙消雲散了。

即使她成了母親，兩人關係的齟齬也沒有改善。她現在得承擔更多的義務。她和生母的關係也還在惡化當中，因為母親總是站在女婿那邊。既然家裡不斷有嚴重的爭吵，我們也就不訝異，有時候這位先生會有粗暴和不顧一切的行為，而讓這位太太偶爾成為對的那一方。她先生的行為，是她對自己的女性角色沒有準備而無法和解所導致的。她一開始的想法是，她能夠像女王扮演女王的角色，先生就像個奴僕，一輩子供她差遣。如果她可以像自己的母親一樣頤指氣使的話，她或許就願意屈從於家庭主婦的角色。

現在她該怎麼辦呢？她應該離婚嗎？回到母親身邊，表明自己是個失敗者？獨立生活對她非常困難，她對此並無準備。離婚將嚴重打擊她的驕傲和虛榮心。生活對她變成一種折磨。一邊有先生挑剔她的一切，另一邊有砲火猛烈的母親，總是訓誡她要保持家裡的清潔和秩序。

於是，她突然變得愛乾淨，把家中整理得井井有條。她開始從早到晚都在擦洗和清掃。她看起來好像終於理解了母親長年對她的教誨。一開始母親也許還報以友善的微笑，先生一開始也許也為了太太心血來潮的勤於打掃、整天翻箱倒櫃地整理家中什物而感到高興。但是愛清潔也可以是過度的，而我們這個案例正是如此。她四處洗洗刷刷，直到家裡一粒灰塵都找不到，而她如此用力地表現她的愛好清潔，以至於每個人都覺得被她干擾，她也覺得所有其他人都很礙事。她擦過的地方，只要有人再碰到一下，就必須再擦乾淨，而且只能由她來做。

這種所謂的**清掃強迫症**（Waschkrankheit）是司空見慣的現象。所有這種女性都是在反抗她們的女性角色；她們是嘗試用一種完美的清潔來貶抑其他不愛打掃的人。在潛意識中，這種清潔的努力是要擾亂整個家庭。而你很難看到有人像這個女子那麼骯髒。因為她在乎的不是清潔，而是在清潔過程中造成的干擾。

我們在太多案例上看到，對女性角色的接受和和解，大多時候都只是表面的。在這個女子的個案裡，當我們還聽到她根本沒有女性友人、從來不出門與人社交、做事的時候毫不容情，也一點都不覺得奇怪。在可預見的未來，我們的文化必須為女孩的教育找出一些道路，讓她們更能夠和生活和解。因為以我們在這個案例裡看到的來說，這種和解就算在最有利的環境下也無法達成。女性在我們的文化裡的劣勢地位，雖然不符合人性真實，也為有識之士所否定，但是在法律和傳統上仍然一直難以動搖。為此我們必須時時保持開放的觀點，必須看穿我們這種錯誤的社會秩序的所有技倆並進行反抗。但是這一切並不是因為我們對女性病態的、過度的尊崇，而是因為對女性的歧視會讓我們的社會生活走向毀滅。

說到這裡，我們還必須提到一個現象，因為女性往往因此被輕蔑地批評，那就是**危險年齡**。這個情況大多發生在五十歲前後，女性的心理狀態會有所改變，尤其是某些性格特徵會變得更強烈。身體的改變會使女性執著於一個念頭：時候終於到了，她們僅剩的價值、她們辛苦贏得的卑微價值，現在終於要完全失去了。她們用更大的力氣去爭取且守護自己的地位，而條件對她們越來越艱難。如果說，在我們的文化裡盛行的「功績原則」對老化的男人十分不友善，那麼對年老的女人就更是如此。年老的女人，如果其價值被全盤否認，那麼她所受的損害也會以另一種形式關係到我們所有人，因為我們的人生可不是依照每天的貢獻來結算和計價的。一個人在盛年裡的貢獻，必須記在帳本裡，在他年老力衰時才不會被我們所遺忘。我們不可能只因為一個人變老了，就直接把他排除在精神的支持和物質的收益之外；對年老的女人這麼做，簡直就構成一種侮辱。大家可以想一下，一個成長中的少女如果想到有朝一日也會面臨老女人的生活，心裡會多麼恐懼。一個女人跨入五十歲並不是凋零，而是在那之後也仍享有不受損害的人類尊嚴，這個尊嚴必須被維護。

五、兩性間的緊張關係

所有這些現象，都是源自於我們的文化走錯了路。當我們的文化裡產生這種偏見並且蔓延開來，你便隨處可見它的影響。所以，視女性為劣等生物的偏見，連同此偏見的另一面，即男性的自大，就持續破壞兩性的和諧關係。其結果是巨大的緊張關係；它會侵入愛情關係，對幸福的可能性構成威脅，很多時候甚至會使它幻滅。所有的愛情生活都被這種緊張關係毒害，因之枯萎且荒蕪。這就是為什麼我們很難得看到有婚姻是和諧的，為什麼小孩長大之後都認為婚姻是極其困難、極其危險的東西。上述的偏見以及類似的思維方式，往往會妨礙小孩子對人生真正的認知。有許多女孩不過把婚姻視為某種不得已的出路，也有很多男人和女人把婚姻看作一種必要的惡。兩性之間因為這種緊張關係而導致的困難，到了今天已經積重難返，倘若女孩子在成長過程中強烈抗拒被強加的性別角色，或者男孩對於扮演特權角色的欲望越是強烈，這種困難就越是難以收拾，儘管我們知道這其中有多少顛倒和謬誤。

兩性如果處在和解和補償的關係裡，其特徵會是一種**夥伴關係**。在兩性之間，上下從屬的關係就跟在社會裡一樣令人難受。兩性不平等導致的挫折和煩惱如此巨大，使得每個人都無法視若無睹。因為這牽涉非常廣泛，每個人的生活都被包括在內。而這個問題之所以如此複雜，是因為我們的文化向來教導孩子在人生中選擇和另一個性別互相對立的態度。如果採取溫和的教育，我們也許能解決這種困難。但是我們的日常生活太過匆忙，也缺少真正有效的教育原則，特別是我們所有生活裡的競爭和奮鬥，在在都影響到孩童的教育，並且早在這個階段就為他們設定了日後的人生準則。為什麼有些人對於踏入愛情關係會裹足不前？會覺得那有危險？因為無論如何（哪怕是用詭計）也一定要透過「征服」對象來展現男子氣概，已經成為男性的義務，而這件事摧毀了愛情中的坦誠和信賴。唐璜（Don Juan）[4]一定是個永遠覺得自己還不夠男子氣概的人，所以總是在征服女性當中尋找證明。兩性之間如果有顯著的猜疑，自然無法建立任何信賴關係，而這是困擾著全人類的痛苦。男性理想如果過於誇大，就變成一種要求、一種持續存在的誘因、一種永恆的不安定，只會產生虛榮心以及對自我利益的要求，一種特權的地位，而和人類共同生活的自然條件格格不入。我們沒有理由反對婦女運動對自由和兩性平權

4譯注：西班牙文學中征服與玩弄女性的代表人物。

的訴求，我們反而必須大力支持，因為最終來說，全人類的幸福和生命快樂都端視於能否創造出一些條件，讓女性能和其性別角色取得和解與平衡；同樣也取決於男性是否有能力解決他和女性的關係問題。

六、改善的嘗試

關於在兩性間建立導入更好的關係，目前已經有一些嘗試。我們不妨談一下其中最重要的**男女合班**（Koedukation）。這個制度並非毫無爭議，反對方和支持者各執一詞。支持者認為這個制度最主要的益處在於兩性有機會及早認識對方，這是矯正有害的性別偏見（連同其後果）的最好辦法。反對者主要的論據則是，男孩和女孩在入學的年紀時就已經有了強烈的對立，如果還要一起上課，對立只會更加惡化，因為男孩會覺得落在下風。這段時期的女孩心智發展比男孩更快，所以男孩子們（他們本來已經扛著享有特權的重擔，也必須證明自己更優秀）會突然發現，他們的特權不過是個肥皂泡，會在事實面前化為烏有。還有部分研究者堅信，在男女合班的課堂上，男孩在女孩面前會變得膽怯，會喪失他們的自信心。

毫無疑問，所有這些主張和論述都說對了一些東西。但是只有在一個條件下，他們的論述才是令人信服的，那就是，不能把男女合班理解為兩個性別為了爭取更優秀的表現而彼此競爭。如果老師和學生都這麼想的話，那男女合班當然是有害的。如果老師不能對男女合班有更好的理解，也就是視為一種練習，一種預先的準備，使兩性日後能合作完成任務，如果老師不能把每日的教學活動建立在這種理解之上，那麼男女合班一定會遭遇失敗。那樣的話，反對者也只會認為自己的立場得到了證實。

如果要描繪出一個詳細的景象，需要詩人的想像力才行。我們在這裡只要能指出幾個要點就夠了。這跟我們前面提過的類型都是有關的；有人也許會想起來，這裡提到的思路，和我們在描述生理器官天生比較劣勢的孩子時所提到的完全相同。成長中的女孩也像是處於劣勢地位，而我們講過的自卑感的補償作用，對這些女孩也同樣適用。唯一的差別只在於，女孩對自己的劣勢地位的信念，也是由外界灌輸的。她們的人生被推上這條軌道，就連很有見識的研究者有時候也會陷於這種偏見而不自知。這種偏見造成一種普遍的影響，最終使兩性掉入**面子政治**（Prestigepolitik）的漩渦裡，把生活裡的善意複雜化，把關係裡的坦率破壞掉，還讓他們心裡充滿各種偏見，以至於任何對幸福的指望都消失殆盡。

[第八章]

手足

我們前面多次提到，在判斷一個人的時候，很重要的一點是要對他的成長處境有所認知。而孩子在兄弟姊妹中的排行，就是這些處境中很特別的一種。我們能夠從這個角度對人加以分類，經驗足夠的話，還能夠看出一個人是不是老大、獨生子或是老么。

人們似乎一直都意識到，**排行老么**的孩子大多是很特別的一種類型。在數不清的童話、傳奇和聖經故事裡，老么總是以相同的方式出現與被描述。事實上，他的成長處境和其他的孩子的確很不同。他在父母親眼中有特別的地位，因為最幼小，他得到特別的照顧。不只年紀最小，他同時還是個子最小的，也因此當其他兄姊更自立、成熟而成年的時候，他還是最需要照顧的那個。所以大部分情況下，他的成長氛圍也比其他兄姊更為溫暖。

從這種環境裡，他得到某些性格特徵，對他的人生態度產生特別的影響，也會為他型塑獨特的人格。此外，我們還要考慮到一個乍看之下有點矛盾的情況：老是被當成最小的，什麼事都不讓他做，什麼事都不讓他知道，沒有哪個小孩會覺得很開心。這種處境會一直刺激這個小孩，會讓他很想告訴別人他什麼都做得到。他對權力的渴望會更加熾烈。所以老么往往會要求最好的待遇，因為他們發展出一種要超越所有人的渴望。

這種類型在生活中屢見不鮮。有一種老么天資聰穎，表現比兄姊都更出色。但是也有一種比較差的老么，他們雖然也追求傑出表現，卻拿不出足夠的行動，也沒有足夠的自信，這同樣要歸因於他們和兄姊的關係。如果他難以超越兄姊，那麼老么就可能會凡事退縮、膽怯、愛哭，而且總是找藉口來逃避任務。他的好勝心並不會變小，但他的那種好勝心只會使他到處逃避，讓他到生活任務以外的領域去滿足好勝心，而不必憑著自己的能力去面對考驗。

有些人一定已經注意到，老么通常都表現出被剝奪者的形象，多少都有點自卑感。我們在研究過程中一直都看到這種自卑感，因此可推論這種痛苦而不安的感覺一定讓他的心理發展起伏不定。在這個意義上，老么完全就像個天生身體器官比較弱勢的孩子，雖然事實上不一定如此；重點不在於客觀的事實如何，或者一個人是否真的處於劣勢；重點在於一個人對自身的感覺。我們也知道，在孩子的生活裡，犯錯是難免的事。在這裡，我們就面臨一大堆問號、可能的做法以及其後果。教養者該如何應對呢？他應該繼續刺激小孩，讓這種孩子的虛榮心燃燒得更加旺盛嗎？如果只是不斷強調，這個孩子應該永遠當第一名，那麼這對人生來說是太貧乏了，而且經驗告訴我們，人生最重要的並不是拿第一。比較好的做法是，在這個時候不妨誇大一點說：我們不需要第一名。我們擋在他們前頭，就已經夠討人厭了。我們只要回顧歷史和經驗就會明白，當第一名並不是什麼好事。第一名原則上會使小孩子心胸狹隘，和人很難相處。因為這種小孩大多只想到自己，只關心別人會不會迎頭趕上。他很容易發展出自我中心（Egoismus）、嫉妒和仇恨的感覺，並且為了自己能否永遠第一而擔驚受怕。老么因為排行的問題，天生就容易變得像個短跑選手，喜歡飛快地超越其他人。住在他心裡的這個競速選手，會在他整體的行為中露出馬腳，不過都是在一些小地方上；如果一個人不清楚這種內心生活的整個脈絡，通常也不會注意到。例如說，當這些孩子總是要在團體裡領先別人，或者無法忍受有人比他們更優秀，你就知道他們是誰了。賽跑意識是絕大多數老么的標誌。

這種和兄姊有不同發展的老么類型通常會讓人印象深刻。他們往往很有行動力，有時甚至會成為整個家庭的拯救者。我們回顧從前，例如聖經裡關於約瑟的傳說，就會看到故事很生動地描述了這一切，其用意相當明確，宛如故事的作者早就很清楚老么的處境，而現在的我們卻必須絞盡腦汁才能研究出來。在這麼多世紀的歷史裡，一定有許多寶貴的知識失傳了，後人只能一再嘗試著找回來。

此外還有種老么，是一種衍生的類型。各位可以設想一下，這位短跑選手突然遇到障礙，卻沒有自信可以跨越，於是就繞了個彎過去。當這種老么失去勇氣，就會變成你能想像得到的最討人厭的膽小鬼。你會看到他總是在退卻，任何工作對他而言都會太多，他什麼都有理由，自己什麼都不敢嘗試，只是虛度時間。大多時候他都不能把事情做好，卻想盡辦法為自己找到一個排除所有競爭的空間。對自己的失敗，他有各式各樣的藉口，比如說身體太差、被父母冷落、沒有被教好、兄姊不讓他參與競爭之類的。這種失敗的命運還可以急轉直下，如果他實際上真的有些病痛的話。那樣的話，他就有源源不絕的題材來為自己逃避現實的人生辯解了。

這兩種老么都很難相處。不過前一種人如果生在重視競爭的時代，他會過得比較好。這種人只能犧牲別人以保持平衡，另一種則終身都無法擺脫自卑感的負擔，也永遠苦於無法和生活和解。

排行老大的孩子也有其特徵。尤其是他有得天獨厚的機會去發展他的內心生活。我們從歷史裡就能知道，老大總是有個特殊而有利的地位。在某些民族和部落的傳統裡，這種特殊地位一直保存至今。比如說，在農夫家庭裡，長子從小就知道自己有一天要接下田產，因此他的處境比其他孩子要好得多，而其他小孩在成長中則認知到自己有一天必須離開這個家。農夫以外的許多家庭也往往如此，長子有一天會成為家中之主。即便在不重視這種傳統的地方，例如一般中產階級或是無產階級的家庭裡，老大也會被期待要有足夠的力氣和聰明才智，以便幫忙父母工作或看家。我們必須了解到，以這種方式不斷被周遭的人賦予全盤的信任，對一個孩子意味著什麼。這會讓他對自己產生一種觀感，用語言來表達的話大致會是這樣：「你是個子最高的，力氣最大的，年紀最長的，所以你也得比其他弟妹更聰明。」

如果往這個方向順利發展下去，我們會在老大身上看到那種屬於「秩序的維護者」的特質。這樣的人對於權力自有一種高度的尊敬；他既重視自己個人的權力，也十分重視權力的概念。對老大來說，權力是某種理所當然的東西，有其份量而且必須貫徹。不容忽視的是，這種人通常也有一種保守的氣質。

排行老二的孩子，對於權力和優越的追求就有細微的差別。他們像燒熱的引擎，熱切於追求優勢；在他們的行為舉止裡，我們也能看見賽跑的元素；他們的人生就具有賽跑的形態。對於老二來說，如果有人領先自己、或有耀眼的表現，他會感到強烈的鼓舞。如果他能夠發展自己的能力而和老大同台競爭，那他通常會奮勇向前。在另一方面，老大由於手握權力，會覺得自己比較不受威脅，直到競爭者幾乎要超過他為止。

以掃（Esau）與雅各（Jakob）的生動故事讓我們想起了這個畫面。[1] 我們在故事裡

[132]

1 譯注：聖經創世記的故事。以掃與雅各是雙胞胎，兩人性格各異，有競爭關係。以掃本來是長子，有一天因為肚子餓，把長子的名份賣給弟弟雅各。

看到一種不知休止的追求，而且爭奪的目標不完全是真實的，反而大多時候只是追求假象，但那種追求是無法抑遏的，直到達到目的，直到領先者被超越，或者直到所有努力失敗，才會開始撤退，最終往往陷入緊張不安的狀態。老二的心情很類似無產階級的妒忌，或是被歧視和被排擠者的主要感受。他的人生目標總是可望而不可及，以至於一輩子都為此痛苦不堪，內心的和諧也被摧毀，因為他為了一個理念，一個虛構的、沒有價值的假象，而忽視了人生真正的事實。一個男孩如果有個妹妹，在成長過程中往往覺得處境艱難。他的優越感會遭遇強大的威脅，以至於自暴自棄，變得難以管教，甚或罹患精神疾病。在賽跑的過程中（一般說來兩者之間就是會產生競爭），女孩總是受到自然條件的眷顧：因為女生的心智和身體的發展比男生更快。

獨生子也是一種特別的處境。他必須遭受身邊的人以教養為名的攻擊。他的父母親可以說是別無選擇，只能將他們滿腔的教育熱情發洩這個唯一的孩子身上。這種孩子會無法自主，總是必須有人告訴他怎麼走，總是在尋找一個倚靠。由於從小受到寵愛，他習慣於順境，因為旁人總是事先幫他排除所有困難。由於他總是眾人目光的焦點，很容易覺得自己很特別。這種環境是如此困難，以至於偏差的觀點幾乎是不可避免的。不過如果父母知道，獨生子的處境意味著什麼、有什麼樣的危險，那麼他們也有機會阻止各種問題的產生。不過這仍然會是個困難的情境。往往有些極度謹慎的父母，由於自己生活的不如意，所以會過度呵護孩子，結果讓孩子到壓力沉重。無止盡地為小孩的舒適和安全擔驚受怕，會讓孩子產生一種印象或刺激，讓他以為世界是有敵意的。所以小孩子就永遠對眼前的困難心生恐懼，面對困難，他既沒有練習也沒有準備，因為身邊的人從來只讓他嘗到生活的甜美和舒適。這種孩子難以獨立自主，也沒有能力面對生活。他們很快就會遇到大災難。有時候他們的生活像是寄生蟲，只知道享受，覺得其他人必須為他們張羅一切。

其他組合也是可能的，比如兩個以上同性或異性的兄弟姊妹彼此競爭。這樣一來，要判斷個案就更為困難。一個男孩有好幾個姊妹，這種情況尤其不易。在這樣的家庭裡，女人往往影響力比較大，男孩大多被擠到不重要的角落（特別是他又是老么的時候），面對著由女生們組成的團結的戰線。在活動中，追求認可的衝動會遭遇重大阻礙。由於腹背受敵，我們這個落後的文化賦予男性的特權，他從來感受不到，也不確定是否享有它。在這種威脅下，他甚至偶爾會覺得男人才是弱勢的一方。要麼他的勇氣和自信很容易動搖，要麼這種折磨反而讓男孩振作起來，表現得格外優異。兩種結果都源自於同一個處境。這種男孩最後會成為怎樣的人，當然取決於日後的境遇。但是我們大概永遠都無法忽略的是，他們擁有一種共同的特質。

我們看到，孩子在家中的**排行**如何型塑他在生活中的一切遭遇。在確定這點之後，對教育危害極大的性格遺傳說（Hereditätslehre）也就可以退位了。然而在某些情況和案例中，遺傳看似產生了不容置疑的影響，比如說，一個孩子在和親生父母完全無關的環境下長大，卻表現出和父母類似或相同的性格特徵。但是如果我們更進一步理解它，這種疑惑馬上就會消失了。我們可以回想一下，關於小孩子的發展，有些錯誤認知是多麼的理所當然的，比如說一個天生身體弱小的孩子，他身體器官的弱勢使得他不能滿足周遭環境的要求，因此產生緊張關係，跟他父親的情況一模一樣，因為後者或許也是天生身體器官比較弱勢的。從這個觀點去看，性格特徵遺傳說就顯得站不住腳了。

從前面的討論中，我們也清楚看到，在孩子發展過程中所產生的偏差裡，後果最嚴重的一個，就是到處想要把其他人比下去，渴望權力和地位，以奪取比他人更多的利益。如果這種在我們的文化中習以為常的思想佔據了一個人的內心，那麼他的發展幾乎是無可轉圜地被決定了。如果我們要防範未然，就必須認清和理解這些困難。而如果有個統一的觀點可以克服所有這些困難的話，那一定是社群情感的開展。社群情感若能開展，那麼一切困難就無關緊要了。然而在我們這個時代裡，由於比較沒有什麼機會注意此事，種種問題才會變得這麼嚴重。若我們認清這點，就不會奇怪為什麼有那麼多人一輩子都在為生存而奮鬥，永遠覺得生活如此辛苦。我們會知道，他們其實是某種錯誤的心理發展的受害者，對人生的態度充滿各種謬誤。因此，我們在做判斷時必須非常克制，尤其是避免**道德判斷**，也就是不評斷他人的（道德）價值。我們反而必須運用我們對這些事態的知識，以不同的方式面對他們，因為我們現在更能掌握他們的內心生活。對於教養和問題，我們也推論出若干重要的觀點，因為在了解偏差的來源之後，我們有了許多影響他們的機會。透過觀察人的心理發展，我們不只能看到他的過去，同時也能看到他一部分的未來。對我們來說，這才叫作看到一個活生生的人。他將不只是一個剪影，關於他的價值，我們會得出一個不同的判斷，有別於我們文化中對他普遍的認定。

第二部　性格論

【第一章】

概論

一、性格的本質與形成

所謂性格特徵是指一個人在面對且解決生活任務時表現出來的內心形式。所以說，「性格」是個社會概念。我們在談論一個性格特徵時，無法不同時談到這個人跟他身邊的人際關係。比如說，如果今天要談的是流落荒島的魯賓遜，那麼他有什麼性格就無關緊要。性格就是一個人在面對周遭的人的時候，內心的立場和應對方式，也是他——在結合社群情感的情況下——在實現對於認可的衝動時所依循的指導原則。

我們已經明確指出，一個人所有的行為，都確定指向一個目標，它不外乎：追求優越、權力和征服他人為目的。這個目標會影響一個人的世界觀，型塑他的行為方式和生命模式，左右他的表意行為（Ausdrucksbewegung）。因此，性格特徵只是一個人的行動軸線的外顯形式而已。這些外顯形式告訴我們，他對環境、他人和社群整體的態度，以及他對生命問題的立場。所以這些現象其實是一個人發揮人格所使用的手段，也可以說是一些自然而然的辦法，全部加總起來，就構成一個人的生活之道。

性格特徵不像許多人所想的，它完全不是天生的或大自然賦予的，而是可以比擬為一條主要軸線，這條軸線像模型一樣套在一個人身上，使他可以在任何情況下，不假思索地表現出統一的人格。性格特徵並非天生的能力或本質，而是（即便在幼年）後天**習得**的，為了能夠確定某個做法。比如說，懶惰並不是小孩與生俱來的，而是因為懶惰的特質被小孩子視為一種適當的手段，使生活變得容易，並同時保護自己的地位。因為就算一個人選擇懶惰，他的權力地位仍是存在的。他可以一再把懶惰說成天生的缺陷，他內在的價值卻毫無損傷。這種自我觀察的最終結果大抵上是這樣的：「如果沒有這種天生的缺陷，我一定能充分發揮我的才能；只可惜我有這個缺陷。」另一方面，如果一個人對權力的渴望很強烈，總是和周遭的人在戰鬥，那他一定會發展出對這種鬥爭有必要的性格特徵，比如說好勝心、妒忌、不信任之類的。一般人會把這種現象和人格混為一談，認為那是天生且無法改變的，然而細究之下卻顯示，那不過是對一個人的行動軸線來說有其必要，因此其實是後天形成的。那些缺陷並不是原初的，而是衍生的，是由一個人暗地裡的目標強迫形成的，因此必須以目的論（Teleologie）的角度來看待。各位不要忘記我們在前面提出過，人的生活方式、行為方式、找到一個立場的方式，都必然和目標的設定有關。如果我們眼前沒有一個目標，就什麼也無法思考，什麼都不能實現。這個目標很早就在孩童的內心裡以模糊的輪廓出現，也將為他整個內心發展指出方向。這個目標有一種引導和型塑的力量，使每個個體展現出獨特的統一性，以及和所有其他人不同的獨特人格，因為他一切的行動和表現形式都指向一個共同點，以至於我們在這個觀察中，總是能夠找到一個人正處在他的軌道的什麼地方。

在考慮一切心理現象，特別是性格特徵的形成時，我們必須完全排除**遺傳**的影響。在這個領域裡，並沒有任何證據可以支持遺傳論的假說。如果我們回溯一個人生命裡的某個現象，當然會追溯到最早的那一天，在那時，一切看起來都像天生的一樣。至於為什麼有些性格特徵是整個家庭、民族或甚至種族共有的，其原因只在於，那是一個人從另一人身上看來的，把他從別人那裡聽來或借來的東西發展為自己的特徵。有些事情、心理特徵以及身體的表現形式，在我們的文化裡會讓成長中的人產生模仿的動機。比如說求知欲偶爾會表現成喜歡看東看西，所以有視覺障礙的孩子，就會把好奇發展為性格特徵。然而他不是非得發展出這個性格特徵不可；那樣的必然性是不存在的。如果這個孩子的主要軸線要求的話，他的求知欲也可以發展出其他的性格特徵，比如喜歡研究各種事物，並把它拆開或摔破。或者變成一個書蟲之類的人。聽障者的多疑性格也是這樣：在我們的文化裡，人們總是讓他們過度意識到危險。他們也遭受各式各樣苛刻的對待（嘲笑、被當成殘廢等等），以至於容易養成對人不信任的性格。由於他們無法享受許多快樂，所以如果他們心生敵意，也是不難理解的。但是若說他們天生就是多疑的性格，那則是毫無根據。關於犯罪性格天生說，也適用同樣的反駁。若有人說，有的家庭專出罪犯，那我們就要告訴他，由於家族傳統、人生觀以及壞榜樣都是相關的現象，所以在耳濡目染之下，孩子容易把犯罪（例如竊盜）當成人生的一種可能。

對於認可的渴望更是如此。由於每個小孩子都會遇到挫折，所以任何小孩在成長過程中都會有這種渴望。至於這種渴望的表現形式，則是可替換的，可以交替出現或進行改變，在每個人身上也不盡相同。有人主張，小孩子的性格特徵往往跟父母非常近似，我們則必須回答，那是因為小孩身邊有人擁有且實現了這種渴望，而引誘孩子也發展出對於認可的渴望。每個世代都以這樣的方式向他們的上一代學習，而且甚至在最困難的時刻、在最混亂的處境當中，也不放棄他們所學到的東西。

取得優勢是個祕密的目標。由於社群情感的影響，這種目標只能在祕密中進行，總是得藏在友善的面具之下。然而我們要明確指出，如果一個人更能理解他人，那麼這種目標就會受到限制。如果我們能走到如此地步，讓我們的民族的視野更開闊，讓每個人都更能洞察周遭每個人的性格，那麼他不只更能保護自己，同時也能勸阻其他人追求這種目標。那樣的話，在暗地裡進行的權力追求就只能失敗。所以，在這些事態上更深入地探究，並且把所得到的知識付諸實踐，是很值得嘗試的。因為我們的人性知識還不是很充足。我們生活在非常複雜的文化情境裡，使得正確的生活教育很不容易。拓展眼光最重要的辦法，基本上從來沒交到民眾手上，而學校到現在為止所做的，也只是對孩童灌輸大量的知識，「塞進」他們的腦袋，這固然是孩子們能做也願意的，但是並沒有引起他們更大的興趣。而且就連這樣的學校教育，對於大部分民眾而言，也只是緣木求魚。獲得人性知識需要一些前提，但是學校至今仍然視若無睹。我們對人的判斷標準，全都是在這些學校裡學到的。我們也許學會分辨是非善惡，但是此後就再也沒有修正。所以我們就在如此欠缺人性知識的情況下踏進人生，一輩子都為此受苦。直到成年，我們都還信奉孩童時代養成的偏見，好像那些是神聖的律法。我們沒能注意到自己如何捲入這個複雜文化的急流裡，我們執著的觀點又如何嚴重阻礙我們認識真實的事態。因為我們在觀察和看待一切事物時，終究只是為了抬高我們的自我觀感，只為了取得更多的權力，為了**讓我們的生活方式不被動搖**。我們的觀察方式太過主觀了。

二、社群情感對性格發展的意義

在性格發展的過程中，除了權力追求之外，還有第二個因素也扮演重要的角色，那就是社群情感。就和認可追求一樣，社群情感早在孩童最早的心理活動裡就顯露出來，尤其是他的孺慕衝動，以及努力要接觸人群的衝動。社群情感的成長要件，我們在其他地方已經講過了，這裡我們只簡單重述一下。最主要的是，社群情感會一直受到自卑感（以及由此衍生的權力渴望）的影響。人是極其容易產生各式各樣的自卑感的。在自卑感出現的當下，他的內心生活才真正啟動一個過程，開始感到不安，要尋找補償，要求安全，要彌補劣勢，以便能在平靜和快樂中享受生活。在對自卑感有所了解之後，我們就知道，在面對小孩子的時候，必須遵守哪些行為準則。原則上，最重要的就是不要讓小孩感到生活的艱苦，要防止小孩太過沉重地認識到人生的黑暗面，也就是要盡可能讓他見識到人生的光明面。從這裡又導出其他的準則：這些準則是經濟性質的，讓小孩子不要在太差的環境下成長，因為低教育程度、無知和匱乏都是應該被消除的現象。身體的缺陷也是重要的考量因素，因為這樣的孩子不能過正常的生活，所以必須給予特殊待遇，並採取特別的措施，以維護其存在。不過，就算我們做到這一切，這種孩子還是會覺得人生是相當辛苦的，覺得自己是異類，因此他們的社群情感還是有發生嚴重斷裂的危險。由於相信自己受到威脅，他們可能對自己的人身比較有興趣。

判斷一個人最好的辦法，就是以社群情感的理念去衡量他的整體態度、思考和行動。我們之所以如此確定，是因為每個個體在人類社會中的位置，都要求他對生活的種種關係產生一種深刻的情感；因此我們總會隱約或清楚地感覺和認知到我們虧欠其他人什麼東西。我們處在生活的運轉之中，也遵從著共同生活的邏輯，這件事實決定了，我們必須能確定地判斷我們自己和其他人，而我們唯一能接受的判斷標準，就是社群情感的強弱。我們不可能否認，我們對社群情感有精神上的依賴。沒有人會真正否認自己的社群情感。一個人不可能找到理由來擺脫對夥伴的一切義務。社群情感總是有著警告的意味，以良知、以罪惡感的形式讓我們注意到它的存在。這並不是說，我們的行為總是以社群情感為依據，但是你得費盡九牛二虎之力才能縮減或擱置這種情感，此外，既然社群情感是普遍存在的，所以人在行動時，內心裡都會考慮到這個情感。這也就是為什麼在人類生活裡，人們總是為他的想法和行為找理由，至少是緩頰的理由；並由此產生一種生活、思考和行為的特殊技術，那就是，我們總是想要擁有社群情感，或相信自己擁有這種情感，或至少想要營造這種假象。簡言之，這些闡述想要指出的是，也有一種社群情感的假象是用來掩蓋其他行為傾向的，像一層簾幕一樣，只有揭開這層簾幕，我們才能對一個人做出正確的判斷。這種欺騙的可能性，增加了我們判斷一個人社群情感強弱的難度。不過人性知識本來就是難以取得的，也仍然有待提升為普遍可理解的科學。下面我們要講述幾個實務上的案例，以說明可能出現哪些相關錯誤。

有個年輕人說，他有一次和好幾個同伴到海邊游泳，游到一座島上，在那裡待了一段時間。他們當中有個人把身體探出懸崖，結果失足跌到海裡。我們這位年輕人也把身體探出去，好奇地看著他的同伴滅頂。他事後回想起來，注意到當時自己心裡除了好奇以外，什麼感覺都沒有。順帶一提，這起意外只是虛驚一場。但是關於這位講述者，我們不得不說，他的社群情感有很大的缺陷。我們又聽他說他其實不曾傷害任何人，偶爾甚至能和人打成一片，但是這並不能掩蓋他的社群情感薄弱的事實。當然，我們還必須提出佐證以支持這個大膽的診斷。我們要提到這位年輕人常做的一個白日夢。他住在森林中美麗的小屋子裡，和所有人息交絕游。這個畫面也是他畫畫時很喜歡的主題。對幻想有了解的人，如果知道案例的來龍去脈的話，一定看得出社群情感缺乏的事實。而且如果我們不做道德判斷，僅僅指出有某種發展造成偏差的影響，阻礙他的社群情感的開展，那麼我們幾乎不會冤枉他。

另一個故事（我們希望大家當它是個軼聞就好）更明確指出，真正的與假裝的社群情感差別何在。一位老太太在搭電車的時候失足跌在雪地裡爬不起來，許多人從旁經過卻都沒有伸出援手，直到有人走上前去，把她扶了起來。這時候有個原先不知道躲在哪裡的人跳了出來，對幫助老太太的人說：「終於有個正直的人！我在旁邊站了五分鐘，就是要等著看有沒有人要來扶這位老太太。您是第一個！」這裡我們就清楚看到，一個人如何假借自大和虛構的社群情感做出不當行為：他把自己當成裁判，任意褒貶別人，自己卻一根手指也不動。

也有些案例非常複雜，而難以斷定社群情感的狀態。這時候我們唯一的辦法，就是回到他們生命史的源頭。比如說，如果我們要判斷的是一位將領，他在認為戰爭已經輸了一半的時候，還派出數以千計的士兵去送死。當然他自認為是為了國家的利益才這麼做的，許多人也會支持他。但是今天我們不太容易把他當成真正的好夥伴，不論他為自己的行為找到什麼理由。

在這類案例中，為了做出正確的判斷，我們必須有一個普遍有效的立足點。以我們來說，這個立足點就是**大眾的利益，全體的福祉**。如果我們站在這個立場上，就不會有太多案例讓我們在判斷時遭遇困難。

社群情感的強弱可以顯現在一個人所有的生命表現上。我們從外顯的表現就能看到社群情感，比如一個人觀看另一個人的方式，如何與對方握手或說話。他的整個人讓我們僅憑著直覺就得到一種印象。我們有時候會完全不自覺地從一個人的行為得出一些論斷，甚至據以決定我們對他的態度。在這些論述中，我們不外乎是把這個過程放到意識層面上來，使我們能夠檢驗和評估，而不必擔心造成誤判。那樣的話，我們就不再受既定的成見所誤導；如果這個評估的過程是在無意識中進行的，就非常容易誤導，因為我們無法檢驗，也沒有修正的機會。

我們要再度指出，在對性格的形成做判斷時，永遠只能把一個人的整體立場視為關鍵因素；光是探討個別現象是不夠的，比如說只關注身體的生理基礎、只談論環境、或者只討論他所受的教育。這個主張同時也等於為人類除去一個夢魘。因為如果我們能堅持且發展這條道路，如果我們明白，深入的自我認識可以讓我們採取適當的對策，那麼我們也能影響其他人，特別是小孩子，讓他們的發展免於盲目地聽天由命，讓他們不因為出身於不幸的家庭背景就一輩子無法翻身。如果我們能揭穿這種錯誤的信念，那麼人類文化就往前踏出了一大步，整個世代的人也就有機會在成長的時候都意識到自己可以成為自身命運的主人。

三、性格的發展方向

當孩子的內心發展決定了一個方向，那麼他的性格特徵也會有對應的發展結果。我們會看到，要麼這方向是筆直的，要麼是彎曲的。在前一種狀況，小孩子會筆直朝著目標的實現前進，也就是發展出一種主動出擊的、勇敢的性格。我們可以說，性格發展的開端無論如何都有一點主動出擊的、攻城掠地的元素，但是這條線很容易由於生活中的挫折而扭曲。眾所周知，這些挫折是來自敵對者強大的阻力，使得小孩子無法直接實現優勢地位的目標。他只能想辦法迂迴繞過這些挫折。在迂迴的過程中，他也會形成某些性格特徵。同樣的，我們前面提過的所有其他挫折，比如身體器官的不良發育、身邊的人所犯下的過失等等，也會影響他的性格發展。此外，大環境的影響也不容小覷；環境就是一個人最無法反抗的教養者。教養者所有的要求、思想和感覺方式，會在公共生活中延續下去；因為教養者的種種要求及其安排的教育，本來就是為了社會生活和主流文化量身訂作的。

各式各樣的挫折對直線發展的性格來說總是構成危險。一個孩子為了成就其權力目標所選擇的道路，總是或多或少會偏離筆直的方向。如果說，前一種孩子不為所動，總是正面迎向困難，那麼在第二種狀況中，我們會看到非常不同的孩子，他們學到被火燒到會很痛，有些對手你非**小心**不可。他會迂迴前進、使用種種策略來達成認可和權力的目標。他往後的發展將取決於偏離直線的程度，會不會過於謹小慎微，還能不能跟生活的現實達成和諧，或者是否已經無法取得平衡。他將再也無法筆直迎向他的任務，會變得膽怯或退縮，無法直視他人的目光，再也不能直接說出真話。儘管目標相同，卻是不同類型的小孩。雖然這兩種類型的孩子有不同的行為，他們的目標卻可能是一致的。

兩種發展方向在一定程度內都是可持續的，特別是小孩子還沒養成太過僵化的模式，當然他的原則仍然很寬鬆，而不會永遠走同一條路，仍保持足夠的主動和彈性，這樣的話，如果一條路行不通，他還可以接納另一種模式。

服從社會整體的要求是有前提的，那就是平靜的共同生活。要教小孩子這種服從並不困難，只要他對環境還沒有採取戰鬥心態。而家庭裡如果要避免戰爭，教養者必須盡可能控制住自己的權力欲，讓小孩不至於感到負擔和壓力。如果他們還能充分理解小孩的發展，也能夠避免直線發展的性格特徵過度尖銳，讓勇氣不會變質為放肆，自主不會惡化為粗暴的自我中心。同樣的，他們也不會用某種粗暴建立的權威，把孩子的順從變成奴從，讓小孩子自我封閉而怯於真誠，只因為對坦率的後果感到恐懼。因為在教育中時常施加的壓力，是很粗糙的手段，多半時候只讓孩子虛與委蛇，而強迫的服從也只是一種假象。不論所有這些挫折直接或間接對小孩子產生影響，大環境一定會在孩童心裡留下痕跡，而型塑成對應的樣式，而且沒有人能批判這個過程，或者是因為小孩子本身沒有這個能力，或者因為身邊的成年人對這個過程渾然不覺或缺乏了解。

我們也可以用另一種方式來分類，那就是他們面對困難的態度。**樂觀主義者**在性格發展過程中大抵上採取直線方向。他們勇敢面對一切困難而且不覺得沉重。他們對自己一直有信心，比較容易找到對生活有利的位置。他們不會要求太多，因為他們有良好的自我評價，不覺得自己有殘缺。所以他們比其他人更容易承受人生中的困難，不會一遇到困難就覺得自己無能或捉襟見肘。在困難的處境中，他們仍然從容不迫，因為他們堅信問題終究可以解決。

從外在表現也能看得出樂觀主義者。他們不會膽怯，能自由開放地和他人交談，不會感到太拘束。打個比方說，他們總是張開雙手準備擁抱他人。他們很容易與他人建立關係和友誼，因為他們不會猜疑他人。他們的語言是不受壓抑的，態度和步伐是無拘無束的。我們很少看到百分之百這種類型的人，幾乎只能在年紀最小的孩子身上找到。不過一定程度的樂觀主義和敬業樂群就讓人滿意了。

另外一種是**悲觀主義者**；他們構成最嚴重的教養問題。他們從幼年的經驗和印象中養成了更嚴重的自卑感；各式各樣的困難讓他們感覺到人生一點都不容易。一旦在不當對待中養成了悲觀主義的世界觀，並籠罩在其魔力下，他們會永遠只看到人生的黑暗面。他們遠比樂觀主義者更強烈意識到人生的困難，也遠比他們更容易懷憂喪志。由於心裡充滿不安全感，他們會一直尋找依靠；從他們的外顯行為就看得出這點，比如說，他們無法獨立，小時候老是黏著母親，或者總是在找媽媽。這種**叫媽媽**的行為有時直到年長都還會發生。

我們從他們的行為舉止看得到這種類型的謹慎；他們大多羞怯、擔驚受怕而遲疑，會小心盤算，因為他們總覺得有危險。他們也睡得比較差。要衡量一個人發展得如何，睡眠是很有用的量尺。睡眠障礙總是代表一個人過度謹慎而感到不安全。這些人永不停止地防衛，保護自己免於生活中的敵意入侵。由此我們也能看到，連好好睡個覺都有問題的人，是多麼缺乏生活的藝術，多麼不懂得生活與其中的各種關係。如果他們的想法是對的，那麼他們根本不該睡覺。如果生活真像這類型的人所設想的那麼危險，那麼睡眠真的是有害的事情了。連對於這種自然的事情都能心生抗拒，可見這類型的人缺乏生活的能力。有時候我們看到的不是睡眠障礙，而是其他症狀，比如一直查看大門有沒有鎖好，老是夢到家中被闖入之類的情境。從睡覺的姿勢都能看得出這類型的人。你常看見這種人睡覺時縮成一團，或者用被子把頭整個蒙住。

我們還可以按照另一個標準，把人分成攻擊者與被攻擊者兩類。**攻擊姿態**主要表現在大動作上。這種人如果也夠勇敢，就會把勇氣高舉到目中無人的地步，總是刻意讓別人知道他們什麼都敢做。這樣他們便透露出一種根深柢固的不安全感。當感到膽怯時，他們就試著訓練自己去抵抗這種恐懼。也有人會努力壓抑自己的軟弱和婦人之仁，因為他們認為那些感覺是個弱點。他們會一直擺出強者的一面，而且往往矯揉造作到了很荒唐的地步。這些攻擊者有時候也會表現出粗暴和殘忍的特質。如果他們有悲觀主義的傾向，他們和環境的關係就會改變，因為他們不加入別人，也沒有同理心，而且對所有人都有敵意。他們在意識層面上的自我評價可能非常高，他們驕傲、狂妄而自以為是，並為此得意洋洋。他們樂於表現虛榮和浮誇，好像他們真的高人一等。然而他們的故作姿態是如此不遮掩而且無必要，以至於不只干擾到共同生活，還讓我們發現那只是做作的表演，私底下他們是不安全而不確定的。他們的攻擊態勢也只能支持一段時間。

這種人的後續發展並不輕鬆。人類社會對這種人並不仁慈。光是惹人注目這點，就讓他們不受歡迎。當他們總是努力佔上風的時候，很快就會和別人起衝突，尤其是在遇到同類的時候，他們會互相競爭。他們的生活會變成一連串的鬥爭，而且當他們遭遇失敗時（幾乎是不可避免的），他們勝利和凱旋的路線往往就宣告結束。然後他們會有些退縮，失去堅持下去的力氣，而且很難跨越這些挫敗。於是他們就再也抬不起頭來。任務的失敗開始對他們產生持久的影響，而他們的發展也就停在一個位置上，差不多正好是下一個類型（被攻擊者的類型）起步的地方。

第二種類型，「被攻擊者」，在克服無力感的時候沒有選擇攻擊路線，而選擇了擔憂、小心和膽小。這種心態從來不會直接出現，而只會在嘗試走過前一種路線（哪怕只是很短的時間）之後形成。這些「被攻擊者」在遭遇不幸的經驗之後很快就受夠了；他們會做出毀滅性的結論，走上了逃避的道路。[1]有些人不會察覺自己有這種逃避行為；他們的作為看起來像是要開始一個成果豐碩的、有實際作為的旅程。他們回顧過去，積極探索他們的回憶，也會有種種幻想，實際上卻只為了一個目的：要逃離這個讓他們感到威脅的現實。有些人即使選擇逃避，還是對社會大眾有所貢獻，如果他還沒有喪失主動精神的話。對**藝術家心理學**感興趣的人，在藝術家之間往往可以找到這種類型；這種人逃避現實，在幻想中，在理念的王國裡，在一個沒有阻礙的地方，為自己創造出第二

1 格里辛格（Griesinger）就提過「逃到疾病裡」的說法。

個世界。不過這些人是例外。大多數逃避者都飽嘗挫折。他們害怕所有人與事，變得極端猜疑，從他人身上唯一預期的只剩下敵意。可是我們的文化往往為這種人的心態澆油點火，使得他們最後完全無法理解人類的美好和善良以及人生的光明面。他們會變得尖酸刻薄，眼光非常嚴厲，對任何錯誤特別敏銳。他們喜歡論斷別人，自己卻不曾為周遭的人做過任何有益的事。他們是永遠的批評者，和人很難相處，總是掃大家的興。猜忌之心使他們只能採取遲疑和猶豫的態度。面對任務時，他們就開始懷疑而躊躇不前，一副要推遲決定的模樣。打個比方說，他們就像一個伸出雙手做出防衛動作的人，還別過頭去，彷彿不想正面看到危險。

這種人的其他特質同樣也很難引起好感。一般而言，對自己毫無自信的人，也習慣不信賴別人。從這種態度中，難免會發展出嫉妒和吝嗇的特質。他們時常躲起來，那代表他們不願意給他人帶來快樂，也不願意同享他人的快樂。他人的快樂甚至會使他們痛苦，覺得受到傷害。他們有些人會找到某種手段，讓自己覺得高人一等，這種感覺對他們的生活如此重要，到了難以撼動的地步。由於渴望表現自己的不凡，他們能喚起某些極為複雜的感受，讓人很難發覺他們的敵意。

四、有別於其他的心理學派別

我們在探討人性知識時，不一定要依據這麼意識清楚的分野。我們通常會找出內心發展中的**某個**點，然後試著進行分類以求掌握全局。比如說，我們可以把人類分成兩類，前者喜歡沉思和審慮，或者比較喜歡幻想而且不切實際，因而往往裹足不前；後者則是劍及履及，不愛沉思和幻想，總是宵衣旰食、努力工作、積極投入生活。不過這種觀察也就到此為止了，就像其他心理學派一樣，它只能推斷有些人的想像活動比較發達，有些人則是行動力的發展比較好。長期來看，這是完全不夠的。我們更要能夠描繪出清楚的圖像，闡明那是如何形成的，是否有其必然性，如何預防或改變。所以，這種隨便以一個表面的觀察為起點的分類法，對於求取整套合理的人性知識而言，完全派不上用場，即便他們提出的分類很引人注目。

個體心理學對於表意行為的發展，是從源頭掌握起，也就是最早的童年時期。個體心理學發現，所有這些表意行為，無一例外地，不是在社群情感佔上風的情況下塑造出來的，就是在顯著的權力追求下產生的。在做出推論之後，個體心理學就突然拿到了一把萬能鑰匙，清楚掌握每個人的狀況並進行分類，同時當然總是保持心理學家應有的審慎，因為他是在一個極其廣大的領域中行動；這是不言而喻的。以此為前提，我們就得到一個準繩，可以判斷一個心理現象是否包含相當高度的社群情感，而只摻雜了些許對於權力和聲望的追求，或者徹頭徹尾只是爭強鬥勝的性質，只為了表現出個人或他的出身多麼高人一等。在這個基礎上，我們更能清楚看到某些性格特徵而進行評量，特別是在整體人格的觀點下去理解，同時我們也得到一個施力點，可以評估一個人並且影響他。

五、氣質和內分泌

對於心理表現形式，心理學中有一種非常古老的區分法，那就是**氣質**（Temperamente）（性情或脾性）。這個「氣質」不是很容易解釋，也許是指一個人思考、說話或行動的速度；投入的力氣或節奏之類的。如果我們回顧從前的心理學家如何解釋氣質，則我們必須說，自遠古以來，探究內心生活的科學從未超出「四氣質說」的範圍。這種區分法把氣質分為多血質（sanguinisch）（樂觀）、黃膽質（cholerisch）（易怒）、憂鬱質（melancholisch）以及黏液質（phlegmatisch）（冷淡），是源自古希臘時代，由希波克拉底斯（Hippokrates）繼承，然後由羅馬人傳下來，在今天的心理學中也一直保有重要地位。

多血質者（Sanguiniker）會表現一定的生活樂趣，一切事物不會看得太沉重，像有人說的，「不容易長白頭髮」，不論做什麼事都會試著找到最美好而歡樂的一面，傷心的時候，他會難過但不會崩潰，歡樂的時候，他懂得享受卻不會得意忘形。我們不必多加詳述；他們就是那種大致上健康的人，身上如果出現有害的特質，也都只是輕度的。但是其他三種氣質的人就不是這樣了。

黃膽質者（Choleriker）在一首詩作的寓言裡有如此的形容：一顆石頭擋到他，他就大發雷霆地把石頭丟到一旁，但是多血質者只是若無其事地繞過石頭。翻譯成個體心理學的語言，黃膽質者的權力欲非常熾烈，以至於他總是必須大張旗鼓，以正面攻擊向前挺進，要把所有人都踩在腳下。以前的人把這種氣質和膽汁聯想在一起，稱為「膽汁過剩」。現在德文都還有「膽汁溢出來」（jemandem die Galle übergeht）（「大動肝火」、「怒極攻心」）的說法。然而實際上這種容易有大動作的人，通常從小就看得出來。他們不只覺得自己很有力量，而且還要施展出來、表現給別人看。

憂鬱質者（Melancholiker）則又是迥然不同的形象。在上述的寓言裡，他的描述大致是這樣的：他一看到這顆石頭，「就想起自己所有的過錯」，陷入了悲傷的沉思中，然後就回頭走了。個體心理學把這種類型視為極其猶豫的人，對克服困難和繼續前進沒有信心，每踏一步都要戒慎恐懼，寧願停下腳步或回頭，也不願冒一丁點風險。在心裡充滿懷疑的人，大多只想到自己而無暇他顧，所以這類型的人錯失了人生各種重大的機會。他因為自己的憂慮而如此沮喪，所以總是在回顧或是內省，卻又想用自己的命運去動搖他人。

黏液質者（Phlegmatiker）對生活一無所知，雖然能聽能看，卻沒什麼回應，你無法讓他印象深刻，他對一切都沒有特別的興趣，也從不做特別的努力，簡單說，他和生活之間沒有任何牽扯，而且站在生活的最遠端。

於是，只有多血質者才算得上團體裡真正的好夥伴。我們還必須提到，很少人是只屬於其中一種氣質，大多數人都是混合型，這使得四氣質說基本上沒有什麼解釋價值。還有些情況是，不同的氣質會交替出現，比如說一個小孩先是表現出黃膽質，後來轉變成憂鬱質，最後也許以黏液質告終。關於多血質，我們還必須指出，這種人在童年時期最不受自卑感的困擾，很少有身體缺陷的問題，也沒有遭遇很大的刺激，使得他能平靜地發展，喜愛生活，也熟悉生活的一切。

現在輪到科學的解釋：人的氣質是取決於人體的**內分泌腺**[2]。醫學的新發展採納了

2 見：Kretschmer, *Körperbau und Charakter*。

所謂內分泌腺的知識，包括甲狀腺、腦下垂體、腎上腺、副甲狀腺以及性腺。這是指沒有對外開口、會進行分泌的組織；它們會將一種汁液排放到血液裡。一般的見解是，人體所有的器官和組織都被這些汁液影響；血液會把這些汁液送到身體的每個細胞；這些汁液有刺激的功能以及所謂的解毒作用，所以對生命的維繫是不可或缺的。「內分泌腺」的完整作用仍然不甚明朗。這整門學科仍然在萌芽期，還無法提出完全實證的事實。不過既然他們要求建立一個心理學學派，自認為能解釋人的性格和氣質，那麼我們就應該討論一下他們的說法。

首先我們要提出嚴重的質疑。當我們檢驗真正的病例，比如說甲狀腺分泌失調，那麼我們確實可能看到某些心理症狀，類似最極端的黏液質。因為撇開其他因素，比如這種病人除了外觀浮腫、表皮增生、頭髮生長情況惡化之外，他們在動作上還會特別緩慢而遲鈍。他們的內心感受力大幅降低，主動性也變得很差。

然而當我們把這個病人和另一個病人做比較（我們稱後者為黏液質者，但是沒有證據證明他的甲狀腺有病理損害）就會發現，兩個例子一點都不像，我們看到的症狀也完全不同。所以我們也許可以猜測，甲狀腺注入血液的汁液裡大概有某種成分，是造成心理功能遲緩的原因之一。但是我們卻不能過度推論，認為黏液質就是由於血液中缺乏甲狀腺的分泌物才產生的。

所以，有**病理證明**的黏液質者，完全不同於我們在日常生活中所說的黏液質者；後者的氣質和性格確實是另一回事，而且是其心理的早期歷史造成的。因為我們心理學家探討的黏液質完全不是個整齊劃一的類型；這些人往往會有強烈、激動的反應而讓我們嚇一跳。不會有人一輩子都屬於黏液質的；我們總是發現，這種氣質不過是一個人工的外殼，是很敏感的人為自己創造的防護罩；他用這個外殼把自己和外在世界隔開，但是他在本性上或許是喜愛這個世界的。這種黏液質構成一種防護措施，一種對人生問題有意義的回應，所以在這個意義下，它當然不同於甲狀腺功能部分或全部喪失的病人那種無意義的緩慢、遲鈍以及能力低落。

這個重大的考量，我們不能視而不見。就算能夠證明，只有甲狀腺病變的人才會有黏液質，我們還是得強調這不是整件事的關鍵，反之，重要的是整個環環相扣的原因和目標，是器官活動加上外在影響的整體組合；這些東西首先給個體造成身體器官的自卑感，個體於是做出各種嘗試，其中可能包括以黏液質來保護自己的人格感不受折磨和傷害。換句話說，這還是我們前面提過的類型，只是更為限定，也就是一個有甲狀腺問題、而且受到顯著影響的人；這個人由於這個身體缺陷的問題，在生活中處於劣勢，現在則憑著心理策略來嘗試彌補，比如說黏液質。

當我們探討其他內分泌失調，並研究其「所屬」的氣質時，就能進一步證實上述的觀點。例如說，也有人是甲狀腺亢進，例如巴塞多氏病（Basedow-Krankheit）患者。這種病人的特徵是心跳過快，脈搏急促，眼睛外突，甲狀腺腫大，全身（特別是雙手）有輕微或強烈的顫抖；很容易流汗，消化器官可能在胰腺的影響下老是出毛病；此外也會有激動不安的症狀；病人明顯變得急促而煩躁，往往會有焦慮症狀。巴塞多氏病患者在晚期病程裡，看上去就是個非常焦慮的人。

然而要是有人認為，這和心理學所認知的焦慮是同一回事，那就大錯特錯了。我們在這種病人身上可以觀察到的心理學事實，是激動不安、無法從事心智或體力的勞動，以及可能由器官或心理因素導致的虛弱感。然而和在一般情況下有急躁、激動和焦慮問題的人相較之下，我們就看到其中有巨大的差異。那些甲狀腺亢進、也就是甲狀腺分泌過多的人，我們可以說，那是一種慢性中毒的現象，類似服用興奮劑的狀態，但是另一方面，在一般情況下陷入激動、行為急躁以及容易產生焦慮的人，就完全是另一回事，它們可能發展出個人心理的早期歷史。所以這只是表面**相似**而已，巴塞多氏病患者缺少了性格和氣質那種按部就班的**計畫性**。

我們還要提到其他有內分泌的腺體。耐人尋味的是，所有這些腺體發展都和性腺有關。[3]這個論斷在今天基本上已經成為生物學研究的基本信條；你幾乎找不到腺體的任何失調是和性腺無關的。這種莫名其妙的從屬關係，或者為何兩種腺體的缺陷會同時出現，目前還沒有得到解釋。不過我們同樣不能說這些腺體能造成其他心理影響；在這裡，我們最多也只能得出同一個結論，也就是我們上面見到的，那就是，一個有身體缺陷的人在生活中遭遇更多的障礙，因此會使用更多的心理策略來謀求補償。

還有人真的以為發現了性格和氣質如何受性腺影響。然而一般來說，人的性腺很少有嚴重的失調，因此我們就算有若干這類的病理發展，也只是例外狀況。此外，其實根本沒有一種心理狀態是直接和性腺的功能有關的，而都是源自於性腺病患獨特的處境。因此，我們能再度確認，不能把性腺視為堅實的心理學基礎。你最多只能說，性腺也會產生對生命力必要的刺激，它會奠定小孩在環境中的位置；但是這種功能同樣能由其他器官接手，也不必然塑造出某種心理結構（卡萊爾[Carlyle]語）。

既然評價一個人是個極其困難而棘手的任務，弄錯了簡直能毀了一個人的一生，我們就必須在此提出警告與聲明：孩子天生的身體缺陷是個**誘因**，讓他們想要採取特別的

[153]

3 見拙著：*Studie über die Minderwertigkeit von Organen*, Verlag Bergmann, München（Adler 1907a）。

策略、選擇獨特的心理發展，這個誘因很大，但不是不可克服。沒有任何身體構造，能讓一個人有義務發展出某種人生態度。它的確會誤導人們，但那是另一回事。這種錯誤的觀點之所以能存在，是因為從來沒有人想要發明一套特殊的方法，從根源處幫助這些有身體缺陷的孩子解決他們在心理發展上遭遇的困難；人們只是讓他們落入顯見的錯誤，而且基本上只做觀察，卻既不協助也不扶持。因此我們必須強調，透過個體心理學建立的**位置心理學**（Positionspsychologie）[4]才是正確的道路，而時下方興未艾的**氣質心理學**（Dispositionspsychologie）則會是落敗的一方。

[154]

六、小結

在繼續觀察個別的性格特徵之前，我們要簡短重述至今得到的觀點。

重要的是，我們不能根據個別而脫離心理脈絡的現象去研究人性知識。我們至少必須對兩個在時間上盡可能遙遠的現象進行比較，用一個共同的名字把它們串聯起來。這個實務上的點子有相當多好處。這讓我們可以蒐集許多印象，並且在有系統的處理後，

4 譯注：所謂位置，是指社會位置，比如在家中的排行，在團體中的地位等。

彙整成一個可靠的判斷。如果把判斷建立在個別而脫離脈絡的現象上，就會遭遇到和其他心理學家以及教育學者相同的困窘，並且落入時下的窠臼，但是我們已經一再發現，那些都只是無益戲論。但是如果能夠盡可能取得證據，把它們串在一起，那麼我們就找到一個系統，可以看得出其中的力線（Kraftlinie），也就能得到關於一個人清楚而一致的印象。你會感到自己站在扎實的基礎上。當然，在對一個人有更多認識之後，多少就得修正原先的判斷。而在任何教育介入之前，先以這種方式取得完全清楚的觀念，是必不可少的。

我們也討論到，要推論出這個系統，有幾個不同的手段和路徑，而且為了這個目的，我們還可以利用自己的心理現象，甚或是一個理想的人的觀念。接著我們也要求，在我們所創造的這個系統裡，有個東西是不可或缺的，那就是社會的因素。把內心生活的現象僅僅視為個別現象，那是不夠的。我們必須把這些現象放在社會生活的脈絡中加以理解。我們認識到：一個人的性格不能當作道德判斷的基礎，而應該被視為一種社會知識，讓我們理解這個人如何影響他的環境，他和環境的關係是什麼。在人與人的共同生活中，這是個非常寶貴的基本原則。

順著這條思路，我們碰到關於人的兩個普遍現象：其一是，我們發現處處存在著社群情感；這是把人與人凝聚起來，使偉大的文化成就成為可能的東西。這是我們用以衡量內心生活的現象的一個標準，讓我們確認一個人具有影響力的社群情感的程度。當我們知道，某人和團體保持什麼關係，他如何表現人際關係的態度，是否使他的人際關係變得更豐富而有活力，那麼我們就取得了對一個人的心理的鮮明印象。最後我們還確認了一件事（這也是我們判斷性格的第二個判準）：追求權力和優越的衝動，是對於社群情感危害最大的力量。

以這兩個要點為支撐，我們便能了解，人與人之間的差異，取決於社群情感以及權力追求的程度強弱；這兩個要素也會互相影響。這是一種力量的拔河，而其外在的表現形式，我們就稱為性格。

〔第二章〕

攻擊性的性格特徵

一、虛榮（好勝心）

只要對於認可的追求一佔上風，內心生活裡的壓力就會升高，使人更關注權力和優越的目標，想盡辦法用更強勢的動作向前挺進。他的生活像是在期待重大勝利。這種人一定無法實事求是，因為他失去了和生活的聯繫，因為他總是專注於一個問題：自己看起來怎麼樣？其他人對自己印象如何？他的行動自由將受到嚴重阻礙，而且一般人最常見的性格特徵也顯露出來，那就是虛榮心（Eitelkeit）。

我們可以說，虛榮心是每個人都有的，哪怕只是一點痕跡。而且，如果不是刻意表現，虛榮心一般不會給別人留下強烈印象；大多情況下，人的虛榮心都隱藏得很好，也有各種不同的形態。有的人甚至可以在謙虛中滿足他的虛榮。人的虛榮心也可以強烈到對於別人的任何評價無動於衷，或者貪婪地追求他人的評價，並且把它解釋成對自己有利的方面。

當虛榮心超過某種程度，就變得非常危險。先不論虛榮心會使人虛擲生命在各種無益的事情或花費，華而不實，只想到自己（最多也只想到其他人對自己的評價），最主要的危險是，虛榮心使人容易昧於現實。他會對人際關係缺乏理解，和生活失去聯繫，他會忘記生活對他的要求，他作為一個人應有的付出。沒有哪個惡習比虛榮心更能阻礙人的自由發展，因為他永遠在想，這最後對他的形象和聲望有沒有好處。

人們有時候不會用虛榮或傲慢（Hochmut）的字眼，而是用比較好聽的**好勝心**（Ehrgeiz）來描述，而且確實很多人會自豪地說自己是很有志氣的（ehrgeizig）。有時候人們也只用「企圖心」（Strebsamkeit）這個語詞。**只要是用在對大眾有益的事情上，我們都還可以接受**。不過一般來說，這些語詞都只是用來遮掩嚴重的虛榮心。

虛榮使這些人很早就不再是個好夥伴，而總是個很掃興的人。此外，如果他們沒機會滿足虛榮，那麼至少也要讓別人倒楣。我們時常注意到，虛榮心日漸高張的孩子在遇到威脅的時候，會很想要強出頭，動不動就要弱者見識他們的強大。虐待動物的行為也與此有關。其他遭遇些許挫敗的人，則會用令人費解的瑣事來滿足虛榮心；他們逃避工作的主要戰場，任意為自己創造第二戰場，在那裡滿足自己渴望認可的衝動。會出現在這裡的，就是那些一直抱怨生活多麼艱難的人。他們說別人對他們有所虧欠；如果學校和家庭的教育不那麼偏差，或者如果沒有發生什麼不幸的話，那麼他們（如他們所宣稱的）早就是最出類拔萃的人了。他們的抱怨差不多就是這樣。他們總能找到藉口，因而不必站上生活的前線。就連在夢境裡，他們也一直想辦法滿足自己的虛榮心。

他身邊的人一般來說都很不好受。他們會受到這種人的指摘。虛榮者習慣把自己各種過錯轉嫁到其他人身上。他總是對的，都是別人的錯，可是在生活裡，問題不在於證明自己沒錯，而是要把事情做好，對別人有所貢獻。然而你從他的嘴裡永遠只能聽到抱怨和卸責之詞。

這還是和人類的某種心理策略有關，那是為了防止自己的虛榮心不至於受傷，為了保護自己的優越感。

我們往往聽到一種反駁意見，認為如果沒有虛榮心，就不可能成就人類的偉大事業。但是這只是假象，是個錯誤的觀點。既然沒有誰是完全沒有虛榮心的，所以這種特質大概每個人多少都有一點。然而這種特質一定無法給他方向、賦予他力量，使他做出有益的貢獻。只有從社群情感出發才能成就這一切。一個有創造性的成就，只有在社群情感的支持之下才可能實現。其前提永遠是對全體的向心力，以及要為全體奉獻的意志。不然的話，我們也不會認為這種成就有多麼高的價值。其中如果虛榮心有什麼作用的話，也只會是干擾、妨礙，而不會有太大的挹注。

在我們今天的社會氣氛裡，要完全放棄虛榮心是不可能的事。光是認識這個事實，就已經很有幫助了。因為這是我們文化中最敏感的痛處；多少人為了這件事一輩子抑鬱而終，多少人為此身敗名裂。這就是那些無法和他人相處的人，在生活中不能自處的人，因為他們只知道要鋪張揚厲而夸夸其談。所以他們容易和現實發生衝突，因為在現實裡，一般人不會在乎某個人覺得自己有多麼了不起。這種人只會因為虛榮的表現而遭到訕笑而已。在人類歷史的重大爭端裡，有個極其關鍵的因素一再出現，那就是想要滿足虛榮心卻又事與願違。如果要理解一個複雜的人格，那麼有個重要的環節，就是要明白他的虛榮心到了什麼程度，往什麼方向發展，在過程中使用什麼手段。然後我們總是會發現虛榮心總是嚴重損害社群情感，虛榮心和社群情感是如此扞格不入，因為虛榮心是無法臣服於社群情感的原則的。

然而虛榮也總是會在自己身上栽跟頭。因為虛榮心在作祟時，會持續受到各種合乎邏輯的反對理由的威脅；而後者是社群生活自然發展出來的，就像真理一般勢不可擋。所以我們看到，虛榮很早就必須隱藏自己、偽裝自己，必須迂迴曲折，就像虛榮者總是擔驚受怕，懷疑自己能不能成功過關，得到榮耀和名聲，以滿足自己虛榮心的要求。當他如此夢想且算計的時候，時間卻不斷流逝。但是當時機過去了，那麼時不我與就成了他最好的藉口。這些人一直在追尋特權的地位，他們會站在旁邊觀察，心裡充滿猜疑，動輒把夥伴看成敵人。他們會採取防衛和戰鬥的心態。你看到他們疑神疑鬼，城府很深，表面上很通情達理，其實只是要證明他們是對的。然而，他們同時也耽誤了自己最重要的事，那就是與生活、社會以及他們本來的任務的聯繫。如果我們更進一步觀察，就只會看到一個虛榮的深淵，一種想要壓倒所有人的渴望，而且是以任何可能的形式出現，表現在他們的姿勢和衣著，他們說話的風格以及相處的方式。簡單說，不管怎麼看，你都會看到一個虛榮的、努力壓倒所有人的傢伙，而且他選擇手段時大多不怎麼挑剔。由於這種外在表現很難博得好感，而虛榮者如果聰明的話，也很快就注意到和社群的衝撞與矛盾，所以他們會極力掩飾。於是，有時候虛榮者可能表現得太過謙虛，外觀幾乎不修邊幅，只為了讓別人覺得他不是虛榮的人。據說蘇格拉底曾經對一個穿著破爛衣服上台的演說者喊道：「這位雅典青年，你的虛榮心從外套的破洞裡露出來了啦！」

人們時常深信自己並不虛榮。不過他們只注意到外在表現，卻不知道虛榮心是生長在更深的地方。比如說，一個人在團體裡總要站到發言台上，滔滔不絕說個不停，有時候甚至以他是否有機會暢所欲言去評斷一個團體。這也都是虛榮心的表現。這種人當中也有的不搶鋒頭，也許不和任何團體來往而離群索居。這種逃避也有各種不同的形式：當他受到邀請時，他或者乾脆不來，或者要三催四請才肯現身，或者姍姍來遲。有些人則是要在某些條件下才肯出現，傲氣十足地擺出「上流」人士的排場，有時還驕傲地如此自稱。另外也有一種表現虛榮心的方式，那就是任何團體裡都有他的身影。

這種現象並不是無關緊要的細節，而是有深層的原因。這種人其實不把團體生活看在眼裡，對於團體生活，他只會搗亂而不會有什麼貢獻。要完整描述所有這些類型，真的要大文豪的生花妙筆才辦得到。

在虛榮裡，有一條向上延伸的軸線清晰可見；那表示由於感到自己的缺陷而為自己設定一個比任何人都高的目標。我們可以猜測，一個人如果有引人側目的虛榮心表現，那他的**自我價值感一定很低**，而且大多時候並不自知。大概也有人意識到，自己的虛榮其實是由於自我價值感很低。不過他們的認知還是太過貧乏而沒辦法有效運用。

虛榮心在人的內心生活裡很早就萌芽。其實虛榮心一直都有某種幼稚的色彩。幾乎所有虛榮的人看起來都很幼稚。有各式各樣的情境會助長這種性格特徵的形成。在某些情況下，孩子覺得受到歧視，因為他所受的教育有偏差，也對自己的矮小身材感到特別煩惱。也有些孩子是從家庭傳統裡學到這種傲慢的特質。我們時常聽到這種人說，他們的父母都有這種「貴族」氣質；這是使他們有別於其他人而顯得鶴立雞群的原因。然而在這種空虛的追求背後，只是隱藏著一種意圖，想要覺得自己高人一等，和別人不一樣，出身「上流」家庭，他的種種要求和感覺也高於他人，總之一切都是注定要享受特殊待遇。這種對特殊待遇的要求，也就給他設定了方向，引導他的行為模式，並且決定他的表現形式。然而由於現實生活並不特別庇護這種人的發展，而這種人不是招致敵意就是引人訕笑，所以多數很快就會退縮，過著鬱鬱寡歡的生活。只要他們待在自己家中，不必對任何人負責，那他們就能沉醉在自己的夢裡，而且也許當他們想到，如果某某事件沒有發生，他們原本什麼事都能實現，就會覺得自己的心態很有道理。在這種人當中，往往有些人位居要津、才華出眾，也接受了高等教育。假如他們真的把自己的能力擺到天秤上量一下，那一定是很有份量的。不過他們誤用了這個優勢，只知道要自我麻醉。他們為自己是否要融入社會設下了相當高的條件。有些是無法實現的時間條件（比如，假如他們以前做過、學過或知道什麼東西，或者假如其他人以前做過或不曾做過什麼之類的），有的是出於其他原因而無法實現（例如說，假如男人或女人不是這個模樣的話）。那都是再怎麼努力都無法實現的條件，所以我們不得不說那只是不值一哂的託辭，只夠用來讓他們替自己調配一份安眠藥水，不必回想自己到底錯過了什麼。

這些人心裡藏有許多敵意，習慣於輕忽他人的痛苦，正如深諳人性的偉大的拉侯什傅科（La Rochefoucault）所說的：他們能輕鬆地忍受別人受苦。他們的敵意往往表現在**嚴厲的批評**上。什麼事在他們眼裡都一無是處，無論到哪裡，開口閉口都是嘲諷和指責，喜歡強辭奪理，而且什麼事都有得罵。然而我們必須一直告訴自己，光是認識且譴責這些惡跡劣行是不夠的；我們還必須自問做了什麼以匡正這些舉動。不過對虛榮的人來說，只要能一口氣踩在別人頭上，然後用硫酸一般的批評來損傷別人，那就心滿意足了。而且他們在這方面下過不可思議的功夫，這讓他們佔盡便宜。你能看到這種人滿腦子第一流的笑話，機智反應也是無人能及。而笑話和機智也是可以濫用的，你可以用來捉弄人，甚至變成一種藝術，就像偉大的諷刺作家一樣。這種貧嘴薄舌的話，這些人說再多也不會膩。這就是這種性格最顯著的表現形式，我們稱為**貶損傾向**（Entwertung-stendenz）。這顯示出一個虛榮的人想攻擊的到底是什麼。那就是別人的價值和意義。他想藉此獲得優越感，其做法就是讓別人仆倒。如果要他們去認可一種價值，在他們眼裡無異於侮辱他們的人格。從這裡我們也能推論出他們內心深處有著根深柢固的缺陷感。

既然沒有人能完全免於這種現象，我們不妨透過這些討論替我們自己設定一個標準。即便我們不能在短時間內革除數千年的古老文化灌注在我們身上的所有惡習，但是如果我們不蒙蔽自己，也不執著於以下將證明為有害的論斷，那就已經是往前跨一大步了。我們並不是渴望變成或找出性格完全不同的人，而是要依據我們的原則相互提攜且團結合作。在今天這個特別要求互助合作的時代裡，個人的虛榮追求已經沒有存在的餘地了。在這個時代裡，虛榮心態造成的糾紛和衝突總是特別激烈，因為抱持這種心態的人很容易觸礁，最後你不是得對付他們，就是得憐憫他們。看起來，我們的時代是對虛榮心最有殺傷力的，所以一個人如果還想滿足他的虛榮心，至少必須換個更好的地方和形式去表現，也就是為大眾奉獻一己之力。

虛榮心通常以什麼方式產生作用，以下的個案或許可以說明。有一位年輕女士，她是家中的老么，從小就被寵壞。她的母親對她尤其照顧得無微不至，什麼事都順她的意，結果這個最矮小、也最孱弱的孩子的胃口被養大了，她的各種要求沒完沒了。有一天她發現，當她偶爾生病的時候，周遭的人會特別百依百順。於是她很快就把生病當成一種重要的資產。她喪失了健康的人一般對於疾病的厭惡，再也不覺得三天兩頭的生病是什麼不好的事。不久她就想到一個辦法，每當她想要實現什麼願望，她就會生一場病。然而因為她一直都想要得到什麼，所以在其他人眼裡，她永遠都在生病。以這種不適感（Krankheitsgefühl）的方式爬到全家人的頭上，對別人頤指氣使，不論在孩童還是成人身上都十分常見。如果這個人特別孱弱、身體特別差，那麼他發揮的空間就更大，而且理所當然的，那些曾經在病中接受別人悉心照顧的人，更是識途老馬。而且他還可以自己加油添醋，比如說吃不下飯，這麼做有好幾個好處：他會面黃肌瘦，別人就得在烹調上更花心思。他也會養成隨時要有人伺候的習慣。這種人不能忍受別人把他丟在一邊。這件事不難辦到，他只要說自己生病了或覺得不舒服就行了，他只要想像自己陷入險境，比如說透過移情想像自己是個病人或是有其他困境。人是對於移情作用很在行的動物，人在夢中會以為某個情境是真的，就可以證明這點。

於是，這種人隨時都可以喚起生病的感覺，而且逼真到超過謊言、偽裝或幻想的程度。我們知道，移情作用可以對人產生真實的影響，就如同真正身歷其境。比如說，這種人有辦法真的嘔吐，真的產生焦慮症狀，彷彿真的有種不適或危險存在。通常他們也會透露自己是怎麼辦到的。像這位年輕女性就說，她有時候會擔心「下一秒就會中風」。有的人可以逼真地想像這種情境，以至於不知所措，而且你無法說那是幻想或偽裝。如果一個人用這種方式讓別人覺得他真的生病了，或至少覺得他有些神經症狀，那麼別人就得留在他身邊，關心他照顧他，因為他喚起了他們的社群情感。所以這種病人就站穩了權力地位，因為他是打算放棄社群情感的人。

在這種情況下，一定會和社群法則產生衝突，因為後者要求我們要盡量照顧身邊的人。我們通常會看到，這種人並不會注意到身邊人的安危，也不會想要保護他們，更不用說幫助他們了。如果他注入所有的心血、文化和教養，或許還辦得到，或者至少可以

[163]

給人一個印象，以為他真的關心夥伴的安危。然而其背後的動機只不過是自私和虛榮而已。我們這個案例也是如此。我們這位女病人看起來對家人擔心得不得了。她的母親只要有一次早餐晚半個小時送進來，她就會極度憂慮。然後她會一直吵鬧，直到她先生起身去看看她母親發生了什麼事。因為她母親一直習慣在固定時間來看女兒。她先生的情況也差不多。他是個生意人，經常得招待客戶和生意夥伴，但是每次只要他比約定時間晚回家，就會看到太太完全崩潰，有時甚至因擔憂而渾身盜汗，一副可憐兮兮的模樣，還對先生說她剛才經歷了世界上最痛苦的折磨。所以她先生後來遇到這種狀況都只能準時趕回家。

許多人也許會反駁，這位女性這麼做又沒有什麼好處，那又不是什麼重大的勝利。但是請注意，這只是**冰山一角**，只是在生活關係中一個「你給我記住！」的暗示而已。這是馴服其他人的過程，而且這位女士滿腦子都是難以抑遏的控制欲，必須在虛榮心的要求下得到滿足。再者，我們如果考慮到這種人為了遂行意志而願意付出多少代價，那麼就能明白：這位女士已經把這種態度視為絕對必要的了。如果別人沒有無條件地而且分秒不差地聽從她，她就絕不善罷甘休。而且共同生活的內容並不只是要求其他人準時，這位女士還要求其他各種關係，並且以自己的焦慮症狀去脅迫別人遵守。她的焦慮症狀相當嚴重，使得其他人非聽她的話不可。於是我們看到，**擔憂也可以是滿足虛榮心的手段**。

這個態度往往會使得貫徹自己的意志比做好一件事更重要。接下來這個六歲女孩的個案即是如此。她的自我中心主義極其強烈，總是一想到什麼，就一定要做到，滿腦子都渴望展示其力量，讓別人屈服，不管最後的結果如何。母親希望和她的關係好一點，但是不知道該怎麼做。有一次她帶了女兒最愛吃的點心過來，並且說：「我知道妳很愛吃這個點心，今天帶了一點給妳吃。」結果女孩把美食摔在地上，用腳踩爛，接著大吼說：「為什麼妳拿什麼給我吃，我就得喜歡吃，我想吃什麼就吃什麼！」又有一次母親問她點心時間要吃什麼，要喝咖啡或牛奶，結果這孩子站在門邊不動，嘴裡喃喃地說：「她說牛奶我就要咖啡，她說咖啡我就要牛奶。」

這個孩子把話說得很明白。但是我們不要忘記，許多孩子跟她一樣，但是並不明說，也許每個孩子都有一點這種特質，他們想盡辦法要貫徹自己的意志，即便結果並沒有好處，或甚至會讓自己受傷。這種孩子大多都見識過憑著個人的意志可以得到某些特權。這種情況在今天屢見不鮮。結果，就連成年人當中，想要貫徹自己意志的人也遠多於想要幫助同伴的人。有些人的虛榮心嚴重到不肯聽從別人對他們的建議，即便那些建議是世界上最理所當然的，或甚至關係到他自己的利益。這些人在每次談話中都在找機會反唇相譏。有些人的自我意志會因為虛榮心而膨脹，就連原本贊成的事，他都會出聲反對。

無止盡地貫徹自己的意志，嚴格說來，只有在自己家裡才有可能；有時候連在家裡也行不通。這種人在和外人來往時會表現得一副從善如流的模樣。然而這些來往只是一時的，甚至他一開始或許就不想要這個往來。然而既然人類生活就是要和人相處，所以我們有時候可以看到這種人，雖然贏得所有人的好感，但是一下子又和所有人斷絕往來。這種人幾乎都**足不出戶**。我們這位女病人也是這樣。由於她在外頭都很隨和，所以到處都很受歡迎。然而她每次一出門總是很快就回家。這種總是喜歡趕回家裡的行為，有幾種不同的表現形式。她一踏進某個團體，就會感到頭痛，然後就不得不回家。因為在團體裡，她感覺不到像在家裡那樣的優越感。於是，因為她的人生問題（也就是虛榮心的問題）總是只能在家中解決，所以每次在外面發生不愉快的事，她都會趕緊跑回家。這種情況每況愈下，最後只要和陌生人在一起，就會感到焦慮而激動不安。她再也不能去劇院，沒多久連上街都有困難。在這些地方，她感覺不到別人臣服在自己意志之下。在家庭**之外**，特別是在街上，她找不到自己渴求的處境。由此可以解釋為什麼她厭惡外出，除非是在家中「朝臣」的簇擁之下。這其實也是她最喜歡的理想情境：身邊有一群不斷到處為她張羅的人。根據我們的探問，她的這種模式在童年早期就已經成型了。她是家中老么，又體弱多病，因此必須比其他孩子穿得更暖和。她執著於這種百般呵護的情境，本來可能一輩子都不會放棄，如果不是和後來的生活條件產生衝突而造成重重阻礙的話。她的焦慮症狀相當嚴重，完全不聽其他人的勸告，這顯示她在解決虛榮心的問題上有了偏差。她的解決之道並不好，因為她不願意接受人類共同生活的前提。最後她的症狀讓家人痛苦不堪，只好找醫生求診。

現在她的整個人生藍圖，她許多年來給自己設定的藍圖，就漸漸被揭開面紗了。她還是有很大的阻抗有待克服，因為雖然她來看醫生，但是內心深處並不準備改變。依照她的想法，最好是她可以在家中繼續對別人頤指氣使，而在街上又不會有焦慮症發作。然而不願付出代價卻又要有收穫，那是不可能的事。我們讓她了解到，她是自己無意識的人生藍圖的囚徒，她想享受這個藍圖的好處，卻又害怕它的弊病。

在這個個案裡，尤其引人注目的是，虛榮心的膨脹對人生整體都只會是個負擔，它不只會阻礙人的進步，還導致他的崩潰。如果人只是看著虛榮心的好處，就會看不清楚這其中的關係。這也就是為什麼有這麼多人堅信好勝心——其實就是虛榮心——是個**有**

價值的特質，因為他們沒注意到，這種特質總是讓人不滿足，剝奪了他的平靜和睡眠。

我們再提一個案例。一個二十五歲的青年正準備要進行他的畢業考試。但是他退縮了，因為他忽然感覺自己失去一切興趣。他痛苦極了，不斷自怨自艾，一直覺得自己一無是處。在想起童年回憶時，他猛烈批評他的父母親，因為他們不懂小孩，對他的發展造成障礙。在這種情緒裡，他有時候也認為人們一點價值都沒有，也對他沒興趣。這種想法最終讓他把自己完全孤立了。

虛榮心在這裡也再度變成潛伏的動力，讓他找到託辭而不願面對挑戰。因為就在考試前夕，他整個人突然感覺到**怯場**（Lampenfieber），萎靡不振，使他沒辦法應試。然而這對他一生的意義很重大。因為如果他現在不考試，那他的自我價值感就得救了。他跳到救生墊上，而不會遭到批評。他可以安慰自己說，他生病了，因為不知名的命運而失敗了。在這種讓人抬不起頭的心態裡，我們見識到另一種形式的虛榮心。考驗實力的時刻就要到來，這種虛榮心讓人突然轉彎。想到萬一失敗的話會多麼沒有面子，他開始懷疑自己的能力。這就是所有在關鍵時刻突然猶豫不決的人們的祕密所在。

我們的病人也屬於這個類型。從他的報告裡，我們發現他其實一直都是如此。每當決定性的時刻近了，他就開始動搖。看在我們這些研究人的行動軸線和行為模式的人眼裡，這不外乎就是煞車和卻步。

他是家中的老大，也是唯一上大學的孩子，換句話說，他是全家的希望，背負著很大的期待。他的父親不停地敦促他要上進，總是對他說他以後的前途多麼光明，使得他眼裡只有一個目標：要比其他人更出色。而現在他心中充滿了一種不確定感，不知道自己能否勝任這一切。於是他的虛榮心就逼他退卻了。

這個故事告訴我們，好勝心和虛榮心的發展過程本身導致了某個結果，而讓路走不下去。虛榮心和社群情感陷入無法化解的衝突，而且看不到出路。儘管如此，我們看到虛榮的人在孩童時期就一再衝撞社群情感，要選擇一條自己的路。那就好像有個人依照自己的幻想為一座城市畫了一張地圖，然後在真正的城市裡到處按圖索驥。當然他找不到他要找的東西，就為此怪罪現實。虛榮者的遭遇差不多就是這樣。在和團體裡的同伴的所有關係裡，他都想貫徹他的原則，不論是透過強迫或者狡猾和詭計。他總是埋伏在暗處，一逮到機會就要讓人理虧或者指出他們的錯誤。如果他（或者至少自以為）證明了自己比別人聰明或優秀，他就感到幸福了。然而其他人其實是不注意他的，或者並不打算接下他的挑戰，這種比賽也只是一時的，而且虛榮者不管結果是勝利或失敗，永遠都會覺得自己佔優勢而且是正確的一方。

這些都是廉價的技倆。隨便誰都可以愛怎麼幻想就怎麼幻想。所以可能有一種狀況，像我們這個個案一樣，一個人突然被迫去讀大學，被迫要鑽研書本的智慧，或甚至被迫參加一個檢驗他真正才能的考試，然後才意識到他其實能力不足。由於用偏差的觀點看待事物，他把這個處境看得太重，覺得所有的人生幸福、個人一切的意義都取決於這次考驗。他的壓力當然會大到無法忍受的程度。

此外，每次和別人碰面，對他而言都變成一個重大而特別的事件。別人對他說的每一句話、每一個字，他都會以勝敗的觀點做反面的扭曲或解讀。那是一場永不停止的鬥爭，只有把虛榮心、好勝心和傲慢當作生命模式的人，才會為此而不斷落入新的困境，也喪失真正的人生快樂：那是只有在肯定這個人生的真實條件的時候才能擁有的東西。如果有人把這些條件都拋到一邊，對他人興趣缺缺，那麼他也封死了一切通往幸福的道路，也會發現，一切能讓別人滿足和幸福的東西，在他身上都不起作用。他最多只能陶醉在高人一等的優越感裡，卻從來都不能實現這個感覺。就算他真的以為自己飛上枝頭了，也一定找得到更多的人有興趣和他爭奪這個認可。這種事情是無法杜絕的。你不可能強迫任何人讚賞你的優越。所以他只剩下自己認為的、暗地裡的、不確定的自我評價，而且由於必須取決於他人的評價而甚至岌岌可危。如此一來，他很難有什麼真正的成就，也不會對夥伴們有什麼貢獻。沒有人獲利；每個人在任何時候都是被攻擊的目標，都不斷受到貶抑的威脅。彷彿這些人全部的任務，就是永遠要表現得比現實裡的自己更優越。

如果**一個人的價值**取決於他對別人的貢獻，那麼情況就完全不同。如此一來，他的價值是不假外求的；就算別人不認同也無所謂。他可以不為所動，因為他的一切行為並不是為了虛榮心。關鍵在於他的目光焦點對著他**自己**這個人，他不斷追求提升個人的人格。虛榮者的角色則永遠是在期待和攫取。一個社群情感成熟的人會一直問自己：「我能給予什麼。」把這兩種人擺在一起，就會發現這是多麼強烈的對比，他們的價值有多大的差別。因為真正的價值只能來自於對其他人的貢獻。

我們於是遇到一個古老的價值立場，這是各民族數千年前就了解到的，可以用聖經的一句話作為總結：**施比受更有福**。這句話蘊藏了自遠古以來的人類經驗，而我們稍加探究就會知道，它指的是一種奉獻、支持和協助的**心情**，能夠為內心生活創造平衡與和諧。而一心只想到攫取的人，大多數內心渙散、不滿足、總是想著接下來要完成或佔有什麼，最後使得自己非常不幸。前者心中富足，後者心裡空虛。既然後者從不關心其他人的需要和困難，別人的不幸彷彿是他的快樂，所以他從來不會想和別人和解。他無止境地要求其他人屈服在他恣意規定的法則之下，他要求另一個天空，另一套思想和情感。簡言之，他的不滿足和驕矜自大既令人難以置信也永遠無法滿足。

另外還有一種虛榮心的表現形式，它和外觀有關，而且很原始。這是指注重或過度誇張衣著，把自己打扮得花枝招展，想要以引人注目的服裝自我賣弄，有點像以前的人類或現在的原始民族的耀眼打扮，比如說，當某個原始人要表現自己的雄壯氣勢，就會在頭上插一根長羽毛。這種人非常多，總是追求華麗且流行的衣著，並且為此沾沾自喜。他們身上穿戴的飾品，同樣透露了他們的虛榮心，有時還會有大言不慚的標語，或者是在現實裡會嚇跑敵人的勳章和武器。偶爾也有色情意味的人物形象（在男性身上尤為常見）和其他圖案，例如某些輕浮而炫燿的刺青。

這種外觀總是讓我們感覺到一種渴求，一種招搖，就算傷風敗俗也無所謂。因為有些人就是能在蕩檢踰閑的舉止中感覺到氣勢和優越感。也有些人則是擺出冷酷無情、強硬或沉默寡言的模樣。但有時這也只是假象，實際上他們往往是個多愁善感、軟弱而膽小的人，和粗獷或是豪放的騎士精神相去不可以道里計。尤其是男孩子，往往會表現出冷漠的氣質，對社群情感的種種衝動都抱持敵對的態度。對這種受虛榮心驅使、喜歡看別人受苦的人，對他們動之以情是最不智的選擇。因為這只會刺激他們，讓他們的態度變得更強硬。我們可以想像一個畫面：有個人（例如父母親）一面懇求一面走近，同時露出痛苦的神情，但是站在他們面前的那個人，卻是透過他人的痛苦享受他的優越感。

如前所述，虛榮心往往會隱藏在面具底下。虛榮的人為了享受優勢，就得先博得他人好感以吸引他們。因此，我們看到一個人**親切**、**友善而隨和**的時候，不要立刻上當；我們不能因此忽略那個人仍然有可能是個爭強好勝的人，是個攻擊者，喜歡支配別人。因為這種鬥爭的第一階段一定是先在安全距離外估量對手，並且盡可能讓他靠近，以瓦解他的戒心。在這個友善且樂於配合的階段裡，你很容易以為遇到一個充滿社群情感的人。不過接下來的第二幕就會證明那是誤解。他們成了人們所說的那種**讓人失望**的人，那種有兩個靈魂的人。不過那還是同一個靈魂，只是有個友善的開頭和好鬥的續集而已。這種先是討好對方的態度甚至可以**擄獲人心**。這種人很喜歡表現，好像表現本身就已經是一種勝利。他們滿嘴人性光輝，還能用表面的行動證明給你看。然而他們往往太做戲了，而讓有經驗的人心生提防。一位義大利的犯罪心理學家曾說：「如果一個人理想的言行舉止超過某種標準，如果他太過善良而仁慈，到了難以想像的程度，那麼你就得懷疑一下。」當然這種觀點也要存疑，但是不能完全忽略的是，它在理論和實踐上是有根據的。歌德的《威尼斯銘文詩》（*Venezianische Epigramme*）裡有一首詩就很接近這

[170]

個想法：

狂熱者到了三十歲就統統給我釘到十字架上！

只要一見識到這世界，受騙者就變成惡棍。

一般說來，這種類型很容易辨認。沒有人喜歡逢迎諂媚的話，那會令人反感，人們馬上就會起戒心。所以對好勝的人而言，這並不是特別好的策略。最好不要出此下策，寧可採取比較直接的方式。

我們在概論裡已經看到，在某些情境下，心理的發展可能有偏差。**教育的種種困難**都在於，小孩的心理發展如果有偏差，會對環境採取對抗心態。教養者頂多可以告訴他以人生邏輯為基礎的責任有哪些，卻沒辦法強迫小孩子接受這種邏輯。唯一的辦法是盡可能避免對抗的場面，最好是不要把小孩子當成客體，而是一個主體，在權利上和你完全平等的夥伴。如此一來，小孩子就比較不會因為感到被壓抑和冷落而心生對抗。我們文化裡錯誤的好勝心，就是從這種對抗心態中自動發展出來的，而且或多或少潛入我們的念頭、行為和性格特質裡，總是造成生活上的種種難題，甚或導致嚴重的糾紛、挫敗以及人格崩潰。

人們對於人性知識的探討，最早是源自童話，而偏偏在童話中有很多例子是關於虛榮心及其危害的。這裡我們特別要提到一則童話故事，因為裡面生動地描寫了虛榮心的失控及其全盤皆輸的結局。那就是安徒生（Andersen）童話裡的「醋罐子」（Der Essigkrug）：一名漁夫讓一條魚重獲自由；魚為了感恩，讓漁夫許一個願。願望接著就實現了。但是漁夫的太太既虛榮又不知足，每次都派漁夫去找那條魚要求新的願望，先是要當女公爵，然後要當女王，最後還要變成神。魚被最後這個願望惹怒了，於是拋下漁夫，再也不回頭了。

好勝心的增長是沒有極限的。我們觀察到，不論在童話中還是在現實裡，在虛榮者擾動不安的內心裡，權力的追求在不斷增長之後，都有可能萌生想要變成神的理想（Gottheitsideal）。我們不必多做研究就能發現，在最嚴重的個案裡，這種人的行為舉止儼然把自己當成了神，或者是神的代表，或者認為只要實現了某些願望和目的，他就和神沒什麼兩樣了。這種**渴望肖似神**（Gottähnlichkeitsstreben）的現象，其實是一個人想要超越人格界限的極端表現。在我們的時代裡，這個現象正好極為常見。熱中**招魂術**（Spiritismus）和**心電感應**（Telepathie）的人們，他們的渴求和興趣正是要超越人類的界限，想要和人類無法企及的力量一較長短，他們有時候簡直想要揚棄時間，跨越時空，例如想要和死者的鬼魂溝通。我們更進一步探究就會發現，大多數人都會有這種傾向，很多人想要在神的旁邊佔有一席之地。也有不少學校的教育理想就是遵主聖範。更早以前，這根本就是所有宗教教育的典範。這些教育的結果簡直叫人毛骨悚然，也讓我們了解到，一定得找到一個更可長可久的教育理想。然而這些傾向早已深植人心。除了心理學的原因之外，另一個重要因素是，人們對於人類本質的認識最早大多是來自聖經；聖經說人是按照「神的形象」創造出來的，這給許多幼小心靈留下了難以磨滅而影響重大的印象。聖經當然是一部偉大的作品；我們在心智成熟之後，總是在展卷閱讀時讚嘆不已。但是如果要小孩子也讀聖經的話，那至少得有一部注解，好讓他們學到謙虛，不要期待得到各種魔力，不可以要求一切都臣服於他們，只因為他們是按照神的形象被造的。

另一個常見的因素，則是極樂世界（Schlaraffenland）的理想。一切願望在那裡都可以實現。孩子們幾乎不會認為這種童話國度是真實存在的。然而由於小孩們對魔法總是興致盎然，因此他們至少會受到引誘，並往這個方向思考想像，甚至埋首其中。關於魔法以及法術的想像，很多人都有過的；有些人甚至到老年都沒能擺脫這種念頭。也許沒有人是連一點這種念頭都沒有的。有些人相信（或自認感覺到）女性對男性有一種如魔法般的影響力，這個想法就是從這裡來的。今天我們還能見到太多的案例；這些人舉手投足之間，宛如受到性伴侶的魔法控制。這讓我們想起從前，當這類迷信更加普遍的時候，一個女人可以因為細故而被當成魔女或女巫，彷彿她們是籠罩歐洲的噩夢，或者能夠決定凡人的命運。曾經有一百多萬女性因為這種妄想而送命，因此，我們不能說那只是無關緊要的偏差，那其實是可以和宗教裁判或第一次世界大戰相比的事件。

在探討對於肖似神的渴望時，我們也看到一種現象，有人會濫用它來**滿足宗教需求**，但其實只是為了滿足自己的虛榮心。例如說，對一個遭受心理創傷的人來說，如果他能凌駕所有人之上，和他的神溝通對話，覺得自己可以透過虔誠的行為和禱告，把神的旨意引導到他自己想要的方向，如果他能以親人般的口吻和神對話，並且感到自己站在神的旁邊，對一個遭受心理創傷的人來說，這會有多麼意義重大。有時候這種現象會嚴重偏離我們所謂宗教的範圍，甚至讓人感到病態。比如有人說他如果睡前沒有禱告就無法入睡，因為如果漏掉這件事，遠方就會有某人遭遇不幸。如果你把這番話倒過來看——如果我禱告，那人就能免於不幸——就會了解，這完全是在吹牛皮。有些人就是以這種方式感到自己獲得了神奇的力量，因為他以為他真的讓別人逃過一劫了！這種人的白日夢也遠超過一般人的程度。我們看到他們會做出無謂的動作和行為，既無法改變實際的事物（因為其效力純屬想像），更會妨礙他們認識現實。

在我們的文化裡，只有一個東西可以讓人覺得具有很大的魔力，那就是金錢。許多人認為，有錢什麼都辦得到，所以我們也就不奇怪，好勝心和虛榮心多少會扯上金錢和財產。有些人對財富貪求無饜，你幾乎要以為背後有病理或精神方面的問題。不過，就連這種現象也不外乎是虛榮而已，目的在於盡可能累積財富，以獲得金錢的魔法，讓自己覺得高人一等。我們的病人當中有個人富可敵國，他雖然什麼都不缺，卻還是不斷追求金錢；在一次一開始有點混亂的談話中，他終於承認：「是的，您知道，關鍵在於權力，你總是不斷被權力吸引。」這位先生認清了這點，但是許多人很可能不知道。在今天，權力的擁有和金錢財富息息相關，追求財富和資產，對許多人來說如此理所當然，因而完全沒有注意到，追求金錢的動力不外乎是虛榮心而已。

最後我們還要報導一個案例；這可以讓我們再次看到各種細節，同時理解到和虛榮心關係重大的另一個現象。那就是**逃避責任**（Verwahrlosung）。這個案例是關於一對姊弟。弟弟在大家眼中能力很差，姊姊的表現則極其優秀。當弟弟再也跟不上姊姊時，他就放棄比賽了。他越來越退縮，即使大家試著幫他解決某些困難，他還是壓力很大，因為他被貼上了無能的標籤。他小時候周圍的人就一直告訴他，姊姊總是能輕而易舉地克服困難，他則只能應付一些芝麻小事。由於姊姊站在比較年長的有利位置，他卻誤以為自己能力不足，但事實上並非如此。他背負著這個壓力上學，經歷了一個悲觀傾向的小孩所過的生活，而且不計任何代價也要避免承認自己的無能。隨著年紀漸長，他也越來越不希望被看成一個無知的男孩，而想被當成大人對待。十四歲起，他就時常參加大人的活動。根深柢固的自卑感變成他心中一根永遠的刺，不斷促使他想辦法裝成大人的模樣。於是，有一天他開始涉足風月場所，從此不可自拔。他開始揮金如土，但是想當大人的渴望又不允許他低頭向父親要錢，於是他就找機會偷竊。偷竊一點都不讓他痛苦，因為如他所說的，在打開父親藏錢的抽屜時，他覺得自己像個大人一樣。他不斷重施故技，直到有一次他在學校面臨重大的挫敗。如果考試不通過，那就等於證明他的無能，這是他無論如何也不允許的。於是這時他就出了一些狀況。他突然感到良心譴責，而且越來越嚴重，使他完全無法專心讀書。情況因此有些好轉，因為如果他不及格，那他就可以對別人解釋，那是因為他感到良心不安，任何人在那種情況下都會考不好吧。此外，他也因為精神不集中而無法讀書，念頭老是飄到別的地方去。白天匆匆過去，晚上他疲倦地上床睡覺，以為自己夠用功了，其實卻根本不在意學業。還有其他因素，也促使他繼續扮演這個角色。他必須很早起床，所以整天都精神不濟，最後完全提不起精神專心讀書。在他的想像裡，你怎麼能要求他和優秀的姊姊競爭。然而這不能歸咎於無能，而是因為他的悔恨和良心譴責讓他無法好好做事。所以他基本上一切都盤算好了，對所有方面都有交代，沒有人可以指責他。如果他考試沒通過，那也是情有可原，沒人可以說他是無能的。但如果他通過考試，那就證明他是優秀的，儘管沒人會認可他，但是他還是克服困難展現實力了。

這樣的心路歷程是虛榮心導致的。我們在這個案例上看到，一個人可以逃避責任到什麼程度，只為了不想被人發現一個誤信的、完全不成立的無能標籤。這種糾葛和偏差使人的好勝心和虛榮更加嚴重，剝奪了他的自然坦誠，使他無法享受人群、生活的樂趣以及幸福感。細究之下，你會發現那背後沒有別的原因，全是為了一個無聊的錯誤。

二、妒忌

有個性格特徵因為處處可見而引起我們注意，那就是妒忌（Eifersucht）。我們所謂的妒忌不只出現在愛情關係中，也可見於所有其他人類關係裡，特別是在童年時期，手足之間會為了勝過對方，會在好勝心的衝動下形成妒忌心，也就是說，表現出對抗的、鬥爭的心態。由於覺得被冷落，所以形成了另一種形態的好勝心，也就是一輩子都甩不掉的妒忌。

孩子幾乎任何時候都會有妒忌的現象，尤其是弟弟或妹妹出生而吸引父母更大的關注，年長的孩子會覺得自己就像是個被廢黜的國王。以前被百般呵護的孩子，尤其容易心生妒忌。接下來的個案可以說明這種問題可能的嚴重程度：有一個女孩，她八歲就犯了三起謀殺案。

她是個發育比較慢的小孩，家人因為她比較弱小，什麼事情都會替她做好，所以她原本的生活可以說相當愜意。但是在她六歲時，一切突然改變了，她有了個妹妹。於是她也有了徹底的轉變：她痛恨她的妹妹，而且一直欺負她。父母不了解箇中原因，對她每次的惡行總是嚴厲告誡。然後有一天，有個小女孩被發現淹死在村子旁的小河裡。不久後類似的案子再度發生。最後這個女孩才被人逮到，當時她正要把一個小女孩推到河裡去。她坦承犯行，被送進精神病院觀察，最後住進了教養院。

在這個案例裡，女孩對自己妹妹的妒忌轉移到其他年幼女童身上。值得注意的是，她對男孩沒有任何敵意。她彷彿在被害者身上看到自己妹妹的身影，所以想要害死她們以滿足自己因為被冷落而產生的報復情緒。

如果手足中有不同性別，那麼就更容易引起妒忌。大家都知道，在我們的文化裡，男孩子會特別受歡迎，會得到更細心的照料和關愛，還享受高於女孩子的各種優待；女孩子看到這些她無法享有的待遇，當然不會很開心。

當然，這種情況不一定會造成激烈的敵對關係。兄姊也可能會很疼愛弟妹，像母親一樣照顧他們，不過從心理的角度來看，這和前一種狀況不必然有所不同。當姊姊對弟妹採取像母親一樣的態度，那就是優越者的地位，她可以支配且管理弟妹。因此，她從原本危險的處境中創造了某種有價值的東西。

另一種同樣容易心生妒忌的處境，是手足之間的競爭白熱化。因為感覺到被冷落，女孩子經常會在刺激之下勇往直前，憑著用功和勤奮超越她的兄弟，而且她天生的優勢也有很大的助益：女孩子在青春期之前的身心發展都比男孩子快，直到青春期之後，這種差距才會漸漸被趕上。

妒忌的表現形式非常多樣化。猜疑、窺伺、暗中較勁、時時擔心被冷落，你可以在這些現象裡上看到妒忌的特徵。哪一種形式更顯著，則取決於（一直很順利的）為社會生活所做的準備。那種妒忌可能讓妒忌者精疲力竭，或者使他的行為大膽躁進且精力旺盛。團體裡的搗蛋者也看得到妒忌心；他會貶低對手，或者極力想要牽制某個人、限制其自由或是控制他。在人際關係中，妒忌心還有其他形成的方式，例如說為其他人訂定規則。妒忌是人們行為的一條心理軸線，例如說強迫對方接受愛情的規則，不可以愛別人，不可以偷瞄其他女生，甚至限制他的行為或念頭。妒忌還可以用來貶抑或指責他人之類的。不過這一切都只是手段，都是為了剝奪他的意志自由，意圖迷住他、綁住他。杜斯妥也夫思基在小說《涅陀契卡·涅茲瓦諾娃》（*Netotschka Njeswanowa*）[1]裡對此有相當生動的描述。書中一名男子就是用這種方式一輩子壓迫他的妻子，把她牢牢控制在手裡。

所以說，妒忌就是權力追求的一種特殊形式。

[178]

三、嫉羨

在追求權力和優越的時候，人經常會產生一種性格特徵：嫉羨（Neid）。好高騖遠的目標往往遙不可及；這種距離會讓人心生自卑感。它會壓迫他，佔滿他的心裡，使得我們從他的行為舉止和生活模式裡看到這個人距離他的目標還非常遠。由於他低落的自我

1譯注：杜斯妥也夫思基一八四九年發表的早期中篇小說，未完成。尚無中譯。

價值感和不滿，他一心只想著別人對他的態度如何，別人的成就有多高；他老是覺得自己難望其項背。即便他其實超越別人也是如此。所有這些缺陷感的表現形式，都指出他在暗地裡有個不滿足的虛榮心，以及「永遠都不夠」和「什麼都想要」的欲望。這種人大抵上都不會明說自己什麼都想要，因為社群情感會阻止他這麼想；但是那會表現在他的行為上。

這種在不斷的比較中產生的嫉羨並不會讓人感到幸福。然而，即使我們（由於社群情感）都不喜歡嫉羨這回事，即使嫉羨一般說來都惹人不快，但是今天很少有人是完全不會心生嫉羨的。我們必須承認自己也都會有嫉羨的感覺。在平靜的生活裡，嫉羨不會一直顯現。但是當一個人遭受痛苦或是為環境所逼，當他在缺錢、缺衣服、挨餓受凍的時候，當他的未來希望越來越渺茫、在眼前困境裡看不到出路時，那麼一個初出茅廬的人，可以想像他當然會感覺到嫉羨，即便道德和宗教禁止他這麼做。所以我們也理解，貧無立錐之地的人也會心生嫉羨。除非有人能證明說，有人在那種處境中不會產生嫉羨，那麼窮人的嫉羨才會是不可理解的。我們在這裡只是要說：以今天人類的心理構造來說，嫉羨是個必須重視的因素。當人節衣縮食，難免會燃起嫉羨之心。不過，即便我們無法苟同以醜陋形式出現的嫉羨，還是必須承認，我們基本上沒辦法阻止這種嫉羨以及伴隨出現的仇恨。也許生活在這個社會裡的每個人一開始就明白，我們不應該挑戰或故意激起這種嫉羨，我們必須有分寸，不要喚起或強化這種難免會發生的現象。雖然這麼做並沒有改善任何事，但這是我們對一個人最起碼的要求：不要故意對別人炫耀他的優越，因為那會傷害他們。

在這個性格特徵上，我們看到個人和全體有著無法分割的關係。沒有人可以在團體裡強出頭，把他的權力擴及於他人而不會招致反彈、阻止他的初衷。嫉羨會滲透到人的行動和規範裡，而後者則又會以人的價值平等為圭臬。如此我們就想到人類社會的一個基本原則：**人人平等**。如果侵犯了這個原則，一定會立刻招致反彈。

嫉羨的表現形式往往很戲劇化，很容易辨認，特別是眼神。嫉羨也會表現在生理上，就像俗話所說的。德文裡有「嫉羨到臉色一陣黃一陣白」的說法（gelb/blass vor Neid werden），這意味著嫉羨會影響我們的血液循環。從身體器官來說，嫉羨會表現在皮下血管的收縮。

至於在教育方面，我們必須努力的是，即便我們不能徹底對治嫉羨，至少也得讓它臣服於公共利益；我們必須為嫉羨找到一個出口，讓它產生正面的結果，而不至於衝擊孩童的內心生活，不僅是對個體，對大眾都是如此。在個體生活的層面，我們必須讓這種孩子從事提高他們自信的活動。在大眾的層面，則幾乎沒有其他選擇；對於那些覺得被冷落、甚至以無益的嫉羨看著其他民族的繁榮富庶的人民，我們必須指引他們，讓他們閒置的能力發光發熱。一輩子充滿嫉羨的人，在共同生活裡也會一事無成。他總是想要從其他人那裡拿到什麼，想要佔人便宜，干擾別人，替自己做不到的事情找藉口並且歸咎於他人。他會逞強好勝，喜歡掃人家的興，老是和人起口角、在共同生活中也不想做出貢獻。他幾乎不會想要同理其他人，因此在對人性幾乎一無所知，也會妄下評斷而傷害別人。如果有人因為他的行為方式而受害，他也毫不在乎。嫉羨甚至可以讓人幸災樂禍，把別人的痛苦當作他的快樂。

四、吝嗇

和嫉羨很接近且息息相關的是吝嗇（Geiz）。這裡指的不只是守財奴的那種吝嗇，而是更一般的形式。它基本上是指一個人不願意給別人帶來快樂，捨不得對整體或個體表達關懷，在四周築起高牆，只為了保全自己擁有的東西。我們很容易看到，吝嗇既和好勝心、虛榮有關，也和嫉羨很接近。我們可以不誇張地說，這些性格特徵同時存在於一個人心裡，如果我們看到其中之一，就可以斷言其他特徵也必定存在，而這其實算不上是什麼讀心術。

在今天的文化裡，人們也多少會有一點吝嗇特質。他或許會刻意裝出非常慷慨大方，以遮掩他的吝嗇，但是那也可能是一種**施捨心態**，只是要以樂善好施的假象讓他自我感覺良好，雖然會損害他人的自尊。在某些情況下，如果把吝嗇運用在某些生活形式上，甚至可以是一種可貴的特質。比如一個人因為對時間或精力很吝嗇，反而因此成就了偉大的事業。現代的科學和倫理學就很強調節省時間的問題，要求每個人在時間和精力（包括「勞動力」）的運用上要很「經濟」。理論上，這聽起來非常美好。但是當人們在實現這個原則時，你就會看到其中的主導因素還是對於權力和優越的追求。這個從理論衍生出來的原則往往會被濫用，而吝惜付出時間和精力的人，則會想盡辦法把負擔轉嫁到別人身上。不過我們評量這種態度唯一的標準，就只能是它對公共利益有多大的貢獻。我們科技時代的整個發展把人當成一台機器，為他的生活設定了各種基本規則，然而這些規則雖然從科技的角度來說有其道理，但是在人際關係上，則必定會導致離群索居、孤立、以鄰為壑等現象。所以說，「寧可付出也不要節省」的原則，應該會比較理想；我們無論如何都不能扭曲或濫用這個原則，如果我們還在乎如何對夥伴們有所助益的話。

五、仇恨

在逞強好勝的人身上往往可以看到仇恨（Hass）的特徵。仇恨在孩童時期就已經很常見，有時候甚至非常強烈，例如在暴怒的時候，也會有較緩和的形式，例如**記仇**（Nachträglichkeit）。這個時候一個人的心態就會表露無遺，如果我們知道一個人的仇恨有多麼強烈，在評斷這個人的時候也就增加了很多線索。因為仇恨會賦予他很獨特的個人色彩。

仇恨的攻擊點可以是五花八門。仇恨可以是針對眼前面對的課題、個別的人、一個民族或階級、另一個性別或種族。我們也不可以忘記，仇恨不一定會以直接而明顯的方式出現，有時候也會偽裝，比如說披上**批判態度**的華麗外衣。仇恨也可能侷限在某個範圍，比如說和所有人都斷絕往來。偶爾我們會像夜裡一道閃電劃過一般，驀地意識到一個人的仇恨有多麼強烈。例如，某個病人曾經說，他在報上讀到屍橫遍野的戰爭新聞時，心裡居然覺得很開心（他本人是免服兵役的）。這種強烈的仇恨也存在於犯罪的領域裡。但是它也有比較輕微的形式，在社會裡扮演重要的角色，而且一定會傷人或令人作嘔。其中尤其包括了**厭世**（Menschenfeindschaft）；裡頭透露了強烈的恨意。甚至有些哲學學派鼓吹厭世，相較於我們時有所見的粗暴而露骨的殘酷行為，一點都不遜色。在重要人物的傳記裡，那層面紗偶爾會被揭開。格里爾帕策（Grillparzer）[2]說，在詩的國度裡，人類的殘酷本性才能盡情發揮，我們不認為這是個牢不可破的真理，反而會認為，藝術家行在創作時不但要擁抱人性美善，而且還要能夠通過仇恨和殘酷情感的試煉。

仇恨的感覺非常多樣。我們在這裡不能細數，因為我們必須一一指出所有性格特徵和仇恨心態的關聯，那就扯太遠了。我們很容易證明，一個人如果沒有某種仇恨特質，是不會去選擇某些職業的；但這並不是說，如果不展現仇恨的特質，就無法**從事**那種工作。正好相反：當一個滿懷仇恨的人選擇了軍人這個職業，那麼透過整個團體、職業的內容，以及必須和同袍患難與共，正好可以轉化所有的仇恨，使得他完全融入團體。

有一種表現形式，把仇恨藏得特別好，那就是由於**過失**（Fahrlässigkeit）而對人或財物造成損害的行為。有這種行為的人，其實是把社群情感所要求的一切顧慮和考量都拋到腦後。法理學對此有很詳盡的討論，至今卻沒有得出明確的結論。當然，對於過失行

［182］

2譯注：十九世紀奧地利詩人。

為的處置和犯罪行為不同，例如說，某人把花盆放到窗邊，以至於花盆因為輕微的搖晃而掉下去砸到路人的頭，這和刻意拿花盆砸在路人頭上完全是兩回事。但是我們不能忽略，過失行為者深藏在心裡的仇恨和犯罪者是一樣的，所以雖說只是過失行為，也能提供我們理解一個人的線索。法理學主張說，行為者如無**犯意**，即構成減輕責任的理由。但是一個下意識的敵意行為無疑地隱藏著仇恨，它可能和故意的犯行同樣強烈。這兩種情況都顯示這種行為者缺乏社群情感。我們在觀察小孩們玩遊戲時，往往看到有些孩子比其他孩子更容易忽視別人；我們如果推斷說，他們並不關心他人，大概不是在冤枉他們。不過我們應該持續觀察，直到這個推斷得到其他佐證。但是如果我們一直發現，只要每次有那個孩子參加的遊戲，就有意外發生，那我們就必須說，這種人對他人既沒有感覺，也習慣忽略身邊的人的安危。

在這點上，我們的**經濟**活動則特別值得一提。一般人通常不認為這種過失行為是出自敵意。因為在經濟活動裡，通常是不會考慮他人的，儘管我們都承認那是很重要的事。在我們的經濟活動中，有一連串的措施和行為都是要讓別人吃虧的。通常我們不會立法處罰這種事，即便背後是故意甚至是惡意的。然而，由於這最多只是表示社群情感的缺乏，就像過失行為那樣，所以我們可以說整個社會生活都中毒了，因為就連與人為善的人也開始相信，除了盡力保護自己之外，他們已經別無選擇。他們卻忘記了，對自我的保護往往也會造成他人的傷害。過去這幾年一再讓我們相信，這種事實及其種種牽連糾葛都是真的。探討這些現象對我們很有好處，因為我們能從中發現，在這種經濟活動裡，對個人來說，他已經很難滿足社群情感對他的要求，雖然他也覺得那是對的。在這裡，我們必須尋找一些出路，讓個體有機會為全體利益盡一己之力，而不是像現在這樣困難重重。有時候這種事也會自然而然地發生，因為群眾心理（Massenseele）會不斷起作用，而盡可能地自我防衛。不過心理學也有必要追蹤這種現象，不只為了理解各種經濟關係，也要探究其伴隨的心理機制，而且更要探討我們對個體或大眾可以有什麼要求和期待。

在家庭、學校和一般生活裡，過失行為相當普遍，在我們生活的所有形式裡都能遇到。我們總是會看到有一種人，他們完全不會考慮周遭的人。這當然要付出代價，一個做事肆無忌憚的人大多會遇到一個讓他笑不出來的轉折。有時候會拖到很久以後才出現（神的磨坊轉得很慢），使得人們看不出其中因果關係，因為他們沒有一直追蹤事件的來龍去脈，所以也不了了之。如果有人抱怨自己遇到無妄之災，那大多都是因為別人受夠這個夥伴肆無忌憚的行為，而放棄了對他的善意，對他保持距離。

雖然過失行為有時候似乎情有可原，但是細究之下，我們還是看到其中有大量對其他人的敵意。比如說，一名汽車司機車子開得太快而輾死了人；他辯稱有個約定不能遲到。在這種行為中，我們看到就是有人會把自己的要求看得那麼重，而不顧他人的安危，忽略了他們的行為對別人造成的危險。從他們的個人要求和大眾利益之間的差距，我們就能看得出來他們的敵意有多麼強烈。

〔第三章〕

非攻擊性的性格特徵

這章所稱的「非攻擊性」的性格特徵，是指某些表現形式，對於旁人的敵對攻擊不會採取直接而明確的作為，而會讓外部觀察者產生一種**有敵意的孤立狀態**的印象，就好像整條敵意之河轉了個彎似的。在這類個案裡，一個一般說來不會傷害任何人的人，卻遠離生活和人群，與世隔絕，並在孤獨之中不再和其他人攜手合作。然而，既然人類生活中的任務大多能在共同合作中解決，所以把自己孤立起來的人，相較於那公然而直接攻擊或傷害團體、並且使團體分崩離析的人，我們不禁懷疑他們心裡的仇恨其實是一樣的。這裡有個非常遼闊的領域可供觀察；我們會進一步闡述若干引人注目的現象。首先我們觀察的是：

一、避世

避世（Zurückgezogenheit）有許多不同的表現方式。避世的人，當別人對他們說話時，他們話說得很少或完全不說，眼睛不注視別人，沒有在聽別人說話。在人際關係裡，即使是最簡單的關係，你也能感到他們與眾不同的冷淡。他們和人握手的方式、說話的語調、對別人打招呼或者回應別人問候的方式，都讓人覺得很冷漠。你會注意到，這種人相互之間，或者和其他人之間，都保持著一定的**距離**。在所有這種孤立的現象上，我們再度看到好勝心和虛榮的性格特質，只不過它的形式很獨特：他們和其他人隔離，而他們的避世也使得自己與眾不同。但是他們這麼做其實一無所獲，最多只能說他們的想像力為自己虛構了一個不存在的高度。我們看到，逞強好勝和敵意的特質也能變成看起來無害的孤立態度。這種避世也會在大團體裡看到。大家一定都見識過，有些家庭會全家過著隱士般的生活。但是當你仔細觀察他們，也都會看到一種敵意，他們會想像自己高人一等也更優秀。這種孤立傾向更會跨足到階級、宗教、種族和民族的層次。比如說，在一個陌生的城市裡，不管是林蔭大道，甚或房屋的建築風格，你往往會注意到，某個階級的居民是彼此隔絕的。這是我們的文化裡的一種根深柢固的現象；人們會用這種方式互相隔絕，依照不同的民族、信仰與階級來畫分彼此，其結果不外乎是互相傾軋，而且這種傾軋終究一無所獲，變成虛弱無力的過時傳統。所以，有些人會在其中混水摸魚，利用潛在的矛盾激化族群的對立，只為了更能發號施令，滿足個人的虛榮心。當某個階級或民族感覺自己特別優秀，頌揚自己的文明有多麼進步、只看到他人的低劣，那麼他們的敵意絕對不虞匱乏。而且這敵意還有升高的危險，因為人們往往只聽某些代言人的話，他們出於敵對心態和個人利益，總是千方百計地煽動民眾的敵意。然後，當不幸的事件發生了，就像是第一次世界大戰及其後續發展，卻沒有人出來扛責任。那種人由於自身的不安全感而追求優越和獨立，卻打算以犧牲他人為代價。

這種個體讓孤立來決定他的命運和他的全世界。而這種人當然也不適合領導他人或推動文明進步。

二、恐懼

在一個人對環境的敵對態度中，我們不時看到恐懼（Angst）的特質，它使這個人的性格憑添特殊的色彩。恐懼是極為普遍的現象，伴隨一個人從出生到老死，為他的人生添加無止盡的痛苦，也讓他難以適應人際關係，並因而無從得到平安的生活和豐碩的成就。因為恐懼會擴及於人們生活的所有關係。一個人可能會畏懼外在世界，或者被自己的內在世界嚇壞了。正如他會因為膽怯而避免社交活動，他也會害怕獨處。在這種容易感到恐懼的人身上，我們再度看到那種熟悉的類型：他老是想到自己，而對身邊的人缺乏同理心。當他採取逃避人生挫折的態度，這種態度更會因為恐懼而更加盤根錯節。事實上，有一種人，當他們應該做點什麼事情時，不論是要出門、揮別陪伴他們的人、接下一個職位，或者是愛情來敲門，他們的第一個反應就是恐懼。他們和生活以及周遭的人的互動太少了，以至於只要習慣的處境有任何變動，他們都會恐懼萬分，就像被寵壞的小孩那樣。

與此同時，他們人格和能力的一切發展也都會產生障礙。也許他不會一下子就被嚇跑。但是他會放慢腳步，會找出各式各樣的理由和藉口。有時候他根本不想知道，自己在新的情境壓力下又陷入恐懼狀態。

有趣的是，我們經常發現這種人喜歡想到過去或死亡；那些大抵上都是能讓人踩煞車的念頭，彷彿正好證實了上述觀點。如果要裹足不前，回想過去是一種低調而很受歡迎的手段。你很容易看到有些人為了不想付出任何努力，連害怕死亡、疾病和精神失常都可以當作藉口。或者他們會說，反正一切都是沒有意義的，人生如此短暫，沒人知道接下來會發生什麼。**宗教的彼岸思想的拖延作用**也有異曲同工之妙；人們會把自己真正的目標寄託在死後的彼岸世界，覺得這輩子的存在是徒勞無功的，也是自身的發展中沒有價值的階段。如果說上述類型的人是因為好勝心而逃避考驗，那麼這種類型的人之所以喪失生活的能力，也是對於相同的優越的渴望、相同的好勝心，以及同一個渴慕的神。

最原始的恐懼形式會出現在小孩身上：每次你把他們單獨丟下，他們就會產生恐懼的跡象。然而即便有人陪伴他們，這種孩子的渴望也不會被滿足；他會利用這個陪伴來達成其他的目的。例如說，如果母親又離開孩子，那麼孩子就會用明顯的恐懼表現把母親叫回來，然而那其實意味著，不論母親在不在身邊，都不會改變一件事：那就是小孩其實是渴望讓母親服從自己，他要控制母親。這種現象通常代表著，小孩子沒有選擇獨立的態度，而是在不當的教養之下，誤以為應該緊抓著別人不放，才能得到好處和寵愛。

孩子的恐懼表現是眾所周知的。尤其是沒有光的時候，比如說在夜裡，當孩子和外在世界或是親人失去聯繫，這種恐懼的表現就會更加顯著。在這時，被黑夜切斷的聯繫，可以說是被孩子害怕的叫聲重建起來。如果有人趕緊跑到他身邊，那麼劇本往往就會照著上述的方式進行。小孩會表現出更多其他願望，會要求開燈，大人要留在他身邊，要跟他玩之類的。如果大人順從了，他的恐懼就會隨風而逝。然而，只要這種支配關係再度動搖，小孩的恐懼就會立刻出現，以重新鞏固他的宰制。

在成人的生活裡也有這種現象。那就是所謂的**廣場恐懼症**（Platzangst），一種不願意單獨出門的症狀。你經常能在街上注意到這種人惶恐不安地縮成一團，四處張望，不敢動一下腳步，或者是猶如要躲避邪惡的敵人一般在街上奔跑。有時候他會懇求你扶著他走。他們不是身體虛弱或有病在身，其實他們健步如飛，身體比病人健康得多，但是一旦遇到一丁點挫折，立刻會被恐懼侵襲。這些人的問題有時候會很嚴重，只是一出門，不安和恐懼就會排山倒海而來。這種**廣場恐懼症**的表現形式很耐人尋味，因為我們發現這種人的心裡一直覺得自己是某種有敵意的迫害的對象。他們認為有某種東西擋在他們和其他人中間。這種現象有時候會表現成幻想形式，他們老是以為自己會失足落下；對我們來說，這不外乎表示他們覺得自己高高在上。所以在病症的表現中，在恐懼的失控發展裡，對權力和優越的渴望再度出現，而且我們又看到，病人的生活遭遇壓力，一個悲傷的命運已然逼近。因為對許多人來說，恐懼不外乎意味著需要有個人到他們身邊幫助他們。如果現在某人連自己房間都走不出來，那麼**所有人**就都必須向他的恐懼屈服。根據這個加諸於他人的律法（所有其他人都必須來陪他，他自己卻不需要去幫助任何人），他變成了統治所有人的國王。

只有一種東西才能消滅這種人的恐懼，那就是個人和團體的聯繫。只有當一個人意識到自己是歸屬於他人的，他才能夠拋開恐懼走過他的人生。

再提一個有趣的例子。這發生在一九一八年革命的時候。[1]許多病人突然說他們沒

1 譯注：第一次大戰最後階段，戰敗的德奧普遍陷入革命與動亂，各自結束了君主制並建立共和政體。阿德勒說的應該是維也納的狀況。

辦法前來看診。在詢問之下，每個人的解釋都差不多：現在時局太不平靜了，如果出門，沒人知道會遇到怎樣的人；而如果衣服穿得還不太差的話，就更容易招來麻煩。

當然，那時候街頭確實是很不平靜的。然而值得注意的是，為什麼只有某些人認為他們不能出門？為什麼偏偏是這些人產生這種顧慮？這並不是偶然，而是和一個因素相關：這些人和周遭的人缺乏聯繫，所以特別感覺到不安全；相較之下，把自己視為社會一份子的人們，則不感到恐懼，而一如平常地去上班。

還有一種比較無害（雖然並不因此而沒那麼重要）的恐懼形式，那就是羞怯（Schüchternheit）。我們上面對恐懼的討論，也都適用於羞怯。就算孩子所處的關係再怎麼簡單，羞怯總是讓他們有機會躲避或切斷和他人的聯繫，而自卑感和異類感（Andersartigkeit）也會在心裡作祟，阻礙了他們的社交興趣。

三、膽怯

膽怯（Zaghaftigkeit）作為一種性格特徵，是指會把眼前的任務看得特別沉重、不相信自己有足夠的力量完成。一般說來，這種性格特徵會表現為做事溫溫吞吞，以及「遲疑的心態」（zögernde Attitüde）：當事人和眼前的人生問題之間的距離不會一下子就縮短，有時甚至停住不動。例如說，有個人原本應該著手處理某個人生問題，這時卻突然跑到別的地方去了。他突然發現自己一點也不適合眼前應該就職的工作。他看到這個工作有各式各樣的缺點，使得他念頭一轉，認為他不可能勝任這個工作。所以，除了腳步放慢之外，膽怯的表現形式還包括採取安全措施之類的準備，如果任務失敗，就可以把責任轉嫁到別的地方。

這些問題牽連很廣，個體心理學把所有這些問題統稱為**距離問題**（Problem der Distanz）。個體心理學創造了一個立足點，讓我們在堅實的基礎上判斷一個人的心態，並衡量他離人生三大問題[2]的解決還有多遠的距離。第一個問題是關於他的社會職責，關於「我和你」的關係，以及他是否以近乎正確的方式建立自身和他人的聯繫。第二個人生問題是職業問題。第三個則是愛情問題，也就是愛情和婚姻。從他的偏差程度，從他和問題的解決的**距離**，我們就能推論出他的個體性（Individualität）、人格以及生活模式，於是也就能透過這些現象讓我們的人性知識有所增益。

在這些情況中呈現出來的基本特質，一般說來，就是一個人會在自己和他的任務之

2 譯注：阿德勒提到人生三個主要任務是愛情、職業與社會。

間保持一段不算短的距離。我們細究之下可以發現，這種態度除了前述的陰暗面外，也有個光明面。我們可以說，這個人只因為這光明面才採取這種心態。因為，如果他在重重困難之下面對任務，那他就有減輕責任的理由；他的自尊心和個人虛榮心不會受到影響。這種情況會穩當得多；這種人做起事來就像走鋼索的人，他知道下方有架設安全網。如果任務失敗，跌下去也不會痛；換句話說，如果在不利因素下進行任務而沒能完成，那並不會危及他的人格感，因為他可以對自己說，由於某種原因，這件事本來就做不好，不是時機已過，就是著手太晚，不然的話，這件事原本可以圓滿完成的。於是，失敗就不能歸咎於自己人格的缺失，而是受限於某個無關緊要的因素，而當事者則不必為此負責。另一方面，如果任務竟然完成了，那就有很大的意義了。因為如果一個人勤奮工作，當他成功時，沒有人會覺得那有什麼特別的，會覺得那是理所當然。但是如果一個人起步很晚，只下了一點功夫甚或完全沒有準備，卻還是完成了任務（這並非不可能），那麼他就真的露臉了，可以說是英雄中的英雄，因為他只用一隻手，就完成別人要用雙手才能應付的工作。

這就是這種迂迴心態（Bogengängertum）的光明面。這樣的心態透露了一個人的好勝心和虛榮心，說明他是個就算面對自己也要出風頭的人。他做一切事情都是為了**佔上風**

（Plusmacherei），為了營造一種才能出眾的表象。

如此一來，我們也更加了解另外一種人：那些人想要迴避眼前的問題，卻招致更多困難，而他不是完全不想面對，就是猶豫不決。在那條迂迴繞過人生任務的彎路上，有些相當要不得的人生偏差，例如怠惰、因循泄沓、跳槽（「換跑道」）、放逸墮落等等。也有些人在言行舉止上就流露出這種迂迴心態；有時候他們做事宛如蛇行一般彎彎曲曲。這絕對不是偶然；我們可以保守估計，他們幾乎全是那種一遇到亟待解決的重要問題時就會迴避的人。

以下有個真實的個案，個案的情緒嚴重低落，對人生感到倦怠，也有自殺念頭。沒有任何東西能讓他開心；他的所有言行都透露出，他的人生基本已經結束了。我們在諮商中發現，他是三個兄弟裡的老大，父親的事業心很強，認真投入工作和生活，也有相當高的成就。這位病人以前是父親最疼愛的孩子，一度也打算以父親為榜樣。母親很早就過世。他和繼母關係很好，也許是因為父親的庇護。

作為長子，他對權力和控制有著狂熱般的崇拜。人們在他身上看到君臨天下的特質。在學校裡，他是班上頂尖的學生。學校畢業之後，他繼承父親的事業，在別人眼裡，他是個樂善好施的人。他說話和善，和員工相處融洽，他支付他們非常優渥的薪水，對他們基本上是有求必應。

然而自從一九一八年革命開始，他的性格就發生了轉變。他的員工開始不聽話，讓他不斷抱怨。以前他們凡事會先提出申請，現在則是直接要求。他痛苦萬分，很想要結束事業。

也就是說，在即將面臨變局之前，他迴避了他的任務。一般來說，他是個好老闆。然而他的權力關係受到破壞而使他不知所措，而且他的世界觀不只干擾到整個工廠的運作，也對他自己造成困擾。如果他以前不要那麼好勝、想要證明他是公司裡的老大，那麼他可以不受這個處境影響。然而他唯一在乎的，其實是個人權力的展現，但是現在由於時勢所逼而再也行不通了。這整個工作已經無法讓他感到快樂。所以他想要退休，其實是對不聽話的員工的攻擊和控訴。

所以，他的虛榮心只能實現到某個程度，只能**有條件地**滿足。新局勢的矛盾使他首當其衝。他的原則無法應付現實。在他僵化而片面的發展裡，他失去了轉換目標且採行其他原則的機會。他失去了發展的能力，因為他把權力和優越視為唯一的目標，使得虛榮心的性格特徵變得難以收拾。

我們審視他的其他生活面向，看到他的社會關係其實少得可憐。顯然只有願意承認他的優越、願意聽他使喚的人，他才會接近他們。而且他也喜歡對人搖唇鼓舌；而且他的腦袋不算差，所以偶爾也會說對什麼。這使得認識他的人都敬而遠之；他已經很久沒有任何真正的朋友。如此一來，他所缺乏的人際關係就只能透過各式各樣的享樂去補償。

然而他真正失敗的，卻是愛情和婚姻的問題。在這裡他遭遇了一個其他人其實早就看出來的命運。愛情是最親密的關係，也是最不容許有人遂行其支配欲的。但是他一直想當個統治者，所以在選擇結婚對象時，他必定有得相對的考量。這種支配欲成癮、無論如何都要佔上風的人，往往會挑到旗鼓相當的對象，一旦征服對方，就像打了一場重大勝仗。然後兩個同類的人湊在一起，共同生活就變成不休止的戰爭。這個當事人在戀愛的選擇上也依照這個模式，找到了一個支配欲勝過他的女性。雙方都想盡辦法要維護各自的支配欲。在這個過程中，兩人當然漸行漸遠，卻又無法完全離開對方，因為這種人總是不斷想要壓倒對方，所以很捨不得脫離這個戰場。

他也提到在這段時間裡做的一個夢。他夢到自己對一個女孩說話；她看起來像個女僕，長得和他的會計非常像。他在夢中對她說：「我可是出身於貴族的血統。」

我們不難理解這個夢反映了什麼想法。首先，他用睥睨的眼神看人。每個人對他來說起都是僕人，既沒有教養又地位卑微，如果是女人就更加不堪。而且我們記得，他正在和妻子戰鬥當中，所以可想而知，在他夢裡的人物就是他的妻子。

因此，沒有人理解他，而且最不理解他的就是他自己，因為他高傲地追求一個虛榮的目標。他和周遭的人的距離，正好和他的傲慢互為表裡；他認為自己高高在上，言行舉止卻相去甚遠；同時他還輕率地否認其他人的一切價值。在這種人生觀和態度裡，友誼和愛情都沒有容身之地。

為了替他的迂迴轉向辯解，他提出來的理由也是很典型的。大多都是看似理所當然的理由，只不過都是拾人牙慧，而且不適用當前的情況。比如有個人會說，他必須搞一點社交活動，然後就去酒館找人喝酒、玩牌以及其他消遣，以為他必須用這種方式才能結識朋友和夥伴。他深夜才回家，第二天一早起不來，於是對自己說，因為社交活動是必要的，所以不可能總是早起云云。如果他還是把工作做好，那還說得過去。但是當他到處和人交際時，卻開始怠忽職守，那麼他當然就有問題了，即使他的理由並沒有錯。或者有個人（面臨職業抉擇的年輕人特別容易有這種現象）會突然很喜歡談論政治。政治確實是個重要的課題。但是如果一個人意圖蒙騙自己和他人，為了不必煩惱職業的選擇，或是不想從事就職訓練，於是除了談論政治之外什麼也不做，那就說不過去了。

我們在這個個案裡看到，讓我們偏離正軌的，並不是客觀的經驗，而是我們對事物的**個人看法**，以及我們考量和評估事態的方式。一片廣大的人類錯誤的領域，就在我們眼前展開。在這些個案裡，種種錯誤環環相扣。我們必須深入探討他提出的理由，深入這種人的整個人生藍圖，才能找出他的錯誤，並且勸導他去克服它們。確切地說，這些措施就是教育。教育不外乎就是排除錯誤。然而為此我們必須先認識到事件的種種關聯，更必須明白，一個人由於錯誤而產生的偏差發展，很有可能造成悲劇。我們必須讚嘆且承認古老民族的智慧；他們早就看出其中的前因後果，而以復仇女神**納美西斯**（Nemesis）為其象徵。這種發展一再告訴我們，如果一個人不為全體利益著想，而只是競逐個人權力，那麼一切的不幸也只是咎由自取，因為他往往必須迂迴追求目標，不顧他人的權利，也一直為可能的失敗而擔心受怕。他們大多會有**神經方面的症狀**，那些症狀都是要阻止這個人的某種行動，因為他的膽怯正在告訴他，每往前跨出一步，都是更接近深淵一步，無異於自掘墳墓。

團體不是適合逃避者的地方。團體都會要求一定的服從和適應，要有合作和幫助他人的能力，而不是爭奪領導地位或是比別人優越。透過自身的經驗或者以他人為鑒，很多人都明白這點。這種人或許不會引人注目；他會拜訪朋友，舉止十分友善，也不會干擾秩序。但是他不會和人很熱絡，因為他的權力欲會阻止他這麼做，而其他人也不會想要接近他。他會靜靜坐在桌邊，不會露出開心的神情，也不會做什麼有益團體的事。他比較喜歡私下對話，而不會在集會中高談闊論。可是他也會時常洩漏他的特質，例如他總是認為自己是對的，即便那是無關緊要的事。你也會發現他不管用什麼理由，都要把別人駁倒。或者他在轉折的關鍵上會出現莫名其妙的症狀，比如說不知名的疲倦，或者陷入沒必要的慌亂，或者無法入睡，沒有力氣，有各式各樣的不適和憂慮，簡言之，你會聽到他的各種抱怨，但是大多說不上來為什麼。他看上去是個生病的人，整天神經緊張兮兮。然而其實這些症狀都是自我欺騙，只是要轉移注意力，迴避眼前的問題。他會選擇這種手段並不是出於偶然。如果我們想到這麼固執叛逆的人竟然會因害怕黑夜這種自然現象，那麼我們就會明白這種人是不可能融入世俗生活的。因為他的所有行為都是為了要對抗黑夜。他提出這個要求以作為融入正常生活的條件。然而既然他提出的條件根本無法實現，他同時也就洩漏了他的惡意。他是個永遠說不的人。

所有這種神經方面的症狀都有個起點：一個自卑感嚴重的人，對於眼前的任務不知所措，想找個藉口放慢腳步，在減輕責任的條件下面對任務，或者是逃避他的責任。如此一來，他也自然而然地逃避了對於人類社會的存續不可或缺的任務，先是傷害了身邊的人，接著在其他關係中也傷害了所有人。如果我們所有人都更加理解人性的話，原本可以消弭這種悲劇的。一個人會攻擊人類社會的內在邏輯和遊戲規則，這和他往往在很久以後才遭遇的悲劇之間，存在一個很重要的因果關係，這是我們必須一直留意的。由於從原因到結果之間的時間往往會拖得很長，使我們很難找出其中的關聯，以從中學習或教導別人。只有當我們讓整個人生軸線完全展開，並且深入探討一個人的生命故事時，才有辦法深入探究其中關聯，並且指出他的生命在哪裡出錯了。

四、適應不足的症狀：沒有被馴服的本能

有時候我們會感覺到，有些人的行為表現最突出的特點，就是**沒教養**（Unerzogenheit）。比如無法停止咬指甲的人，或者那些抵抗不了內在衝動而不斷挖鼻孔的人，此外還有貪婪地撲向食物而讓人感到沒教養的人。這類現象必然有其含意；我們只要看到一個人像一頭飢餓的野狼一樣撲向食物，毫不克制也不知羞恥地滿足他的貪欲，立刻就能明白這點。他吃喝時發出很大的聲音，大口大口的食物幾乎沒有咬就消失在他深淵一般的咽喉裡，風捲殘雲似地消滅食物，其速度令人咋舌。然而引起我們注意的不只是外在的表現形式，還包括他的食量和用餐的頻率。如果我們說，有些人你無法想像他不

[197]

在吃東西的時候，那一點也不誇張。

另一種沒教養的類型則是**不愛乾淨**。我們說的不是缺乏打扮，比如說那些有太多事情要忙的人，也不是自然的衣著不整，像是幹粗活的工人。我們說的類型，通常不是從事辛苦的勞動，甚至經常無事可做。儘管如此，他的外觀還是從來離不開邋遢和污穢。那幾乎是某種故意的行為，一種其他人難以模仿的邋遢和不成體統，而且是這個人鮮明的特色，以至於哪一天他乾淨整齊地出現時，你根本認不得他是誰。

這些表現形式就是沒教養的人的標誌。他釋放出一個訊號讓我們知道，他不怎麼打算合作，而想要和其他人劃清界線。有這種惡習的人，總是給我們一種印象，他們完全不在乎身邊其他的人。我們在這裡並不是對他們的模樣感興趣，而是要指出，這種惡習大多都根植於童年時期。沒有哪個小孩的發展是一條直線走到底的。然而特別引起我們注意的是，有些人出現了某種偏差之後就無法擺脫。

我們在研究這類現象的原因時發現，這些人多少都對周遭的人以及他們的任務採取抗拒的態度。這些人基本上想要遠離生活，不願意和別人合作。於是我們才明白為什麼沒辦法道德勸說他們放棄這種惡習。因為以這種人生態度看來，一個人啃指甲其實只是剛好而已。幾乎沒有更好的辦法可以讓他逃避了；對一個想要遠離社會的人來說，衣領老是髒兮兮或者穿一條破爛不堪的裙子，真是最有效的手段了。如果他不想得到一份職務（因為害怕引來他人的關注、批評和競爭），或者如果他想逃避愛情和婚姻，那麼還有比打扮成這麼邋遢的模樣更好的保護措施嗎？這樣他就自動落選了，同時還可以拿邋遢的惡習當作藉口：如果我沒有這個毛病的話，有什麼是我做不到的呢？但是我偏偏有這個毛病啊。

以下案例將告訴我們，人們如何以這種惡習來自我保護，如何憑著它支配周遭的人。案主是個二十二歲的女孩；她有**尿床**的困擾。她排行倒數第二，從小因為體弱多病而受到母親特別的照顧，她也特別眷戀母親。另一方面，她不分日夜都要把母親綁在身邊，不只因為她有尿床的毛病，也由於她時常陷入恐懼，夜間也會驚聲尖叫。如此一來，她比其他手足得到母親更多的照顧；一開始她確實獲勝了，也滿足了她的虛榮心。這個女孩還有個特點：她對其他的關係都沒有興趣，例如學校、友誼和社交。如果她必須出門，就會顯得特別恐懼，即使她年紀稍長，因此時常必須在晚間出門買東西，也總是覺得晚上出門是非常痛苦的事。她回到家時總是精疲力竭且非常恐懼，也會講述剛才遇到了什麼危險和可怕的事物。

我們能看出，所有這些現象都顯示，這位女孩的目的就是時時刻刻都要留在母親身邊。然而，由於經濟條件不允許，所以家人也得考慮讓她出去工作賺錢。最後他們替她安排一個職位。可是才過了兩天，她尿床的老毛病就又犯了。僱主非常生氣，就把她開除了。母親並不了解她這個毛病真正的意含，只是嚴厲責罵她。然後這個女孩就試圖自殺，並且住進了醫院。於是，不知所措的母親就發誓再也不離開她半步。

所有這三種表現：尿床、怕黑、害怕落單，以及試圖自殺，都指向同一個目標。用一般人的話來說，那就像是「我一定得留在媽媽身邊」或者「媽媽一定得無時無刻地注意我」。這麼一來，惡習也就有了深層的含意；我們也才知道要據此判斷一個人，而我們唯有完全了解一個人，才有可能幫助他擺脫這種偏差。

整體說來，我們會發現，小孩子的惡習大多都是為了吸引身邊的人的關注，為了扮演一個與眾不同的角色，為了讓大人看見他們的弱小和無能。而既然大人經常不知道該怎麼辦，於是小孩子就佔了上風，而得到特別的關注。當陌生人來家裡，小孩子也會有別於平日，用令人不快的方式吸引注意。這種常見的惡習也適用上述的理解。平常非常乖巧的小孩，只要客人一踏入家門，有時候簡直像魔鬼附身一樣。孩子想要突顯自己的重要性，不斷纏著來訪的客人，直到他滿意為止。這種小孩在長大之後，永遠都不會缺少一種特質：他們會透過這種惡習來逃避大眾和社會的要求，或者給大家製造困擾。支配欲和虛榮心是隱藏在這些現象背後的真正原因，只是以如此荒誕的形式表現出來，使得很多時候大家都不明所以。

〔第四章〕

性格的其他表現形式

一、開朗

我們前面強調過，衡量一個人的社群情感有個很容易的辦法，那就是看他是否樂於伸出援手、互相扶持，以及讓他人感到快樂。這種帶給別人快樂的能力，使這種人光是從外在表現就很得人緣。他們很容易接近我們，而且我們光憑感覺就知道他們比其他人更讓人有好感（sympathisch）。我們直覺到，這就是社群情感的特質。這些人有開朗的性情，不會一直愁眉苦臉或是心事重重，也不會一直煩惱別人或讓別人煩惱，在和人相處時散發出開朗的氣息，也能讓生活更美好、更值得享受。我們感受到人的善良，不只是在於他們的行為，當他們走近我們、對我們說話、回應我們的訴求並且努力以赴，更是在於他們整體的外在表現，他們的表情和姿勢，他們愉快的心情和爽朗的**笑聲**。杜斯妥也夫思基其實是個觀察入微的心理學家，他說觀察一個人怎麼笑，遠比對他進行冗長的心理學研究，更能認識和理解這個人。笑既可以拉近人的距離，也有敵意挑釁的弦外之音，比如說幸災樂禍的笑。有些人完全沒有笑的能力，對人際關係保持遙遠的距離，以至於心裡產生快樂以及開朗心情的傾向消失殆盡。更不用說有許多人不只沒辦法為他人帶來歡樂，反而處處喜歡讓別人的日子不好過，一副要把所有光明面都消滅似的。這種人要麼完全沒有笑意，要麼只能勉強擠出一點笑容，只是營造出一點生活樂趣的**假象**。於是我們明白，為什麼人的面部表情可以引起**好感**：因為他能夠讓你覺得他是個好夥伴，會為他人捎來快樂。所以為什麼有人會讓人覺得有好感（Sympathie），有人卻讓人心生厭惡（Antipathie），也就沒有什麼費解的了。

和它相反的類型，就是所謂唯恐天下不亂的人（Friedensstörer）。他們永遠要把這個世界說成痛苦的幽谷，總是在各種痛苦中翻攪。這種心態嚴重到讓我們感到極為驚訝。有些人是想盡辦法也要把生活說成沉重的負擔。再怎麼小的困難也要加以誇大，未來只是一片愁雲慘霧，任何歡樂的場合也都要說些喪氣話。他們是徹頭徹尾的悲觀主義者，對自己和他人都是如此，身邊只要一有歡笑，他們就渾身不自在，在一切人際關係中都想注入人生的黑暗面。他們不只是說說而已，更會透過行為和要求去妨礙周遭的人追求快樂生活和發展。你從他們的表情上能讀到「我承受多大的痛苦」，像是扛著沉重屋頂的雕像柱（Karyatide）。

二、思想和表達方式

有些人的思想和表達方式很像一個模子出來的，讓我們無法不去注意。這些人的思想和表達彷彿「被套在西班牙長筒靴裡」[1]，永遠都是那幾套，他們才一開口，別人就知道他們想要說什麼了。在膚淺的新聞報導以及俗濫的小說裡，你都能看到這種口吻。那是內容空洞的套話，差不多就像把許多不怎麼漂亮的花捆成一束。比如「算總帳」、「教訓一頓」，或者某人背後被「捅一刀」之類老掉牙的套語，以及各式各樣的外來語。

這種表達方式同樣可以幫助我們更理解一個人。因為有些思想形式和表達方式是我們不必或不可以使用的。陳腔濫調和低俗風格在其中表露無遺，說話者有時候甚至能把自己嚇一跳。所以，如果有人接連不斷地說這種套話，或者不管想到什麼都要引用一句名言，就說明了他對其他人的判斷和批評缺少體會的能力。很多人擺脫不了這種說話方式，證明了他們的程度很落後。

1 譯注：「西班牙長筒靴」（Spanische Stiefel），歐洲舊日一種夾小腿的刑具。

三、小學生心態

我們時常遇到一種人，他們的發展彷彿停留在某個點上，例如說，沒有脫離小學生的階段。他們在家裡、在生活中、在社會和職場上，總是像小學生一樣，豎起耳朵聽人講話，好像要讓你知道，你可以請他發表意見。你會發現，如果團體裡有人拋出一個問題，他們總是馬上搶答，好像在跟誰比快；他們想表現出對此略有所知，而且等待你給他一個好分數。這些人本質上只能在某種生活形式裡才有安全感；如果他們遇到不能套用小學生模式的狀況，就會不知所措。這種類型也有不同程度的差異。在比較令人討厭的情況下，他會讓人覺得枯燥、無聊而且不好相處，或許也會擺出萬事通的模樣，要麼什麼都知道，要麼依照規則和公式替所有東西分門別類。

四、墨守成規和不知變通

有一種人雖然不會老是像小學生那樣幼稚，但還是會讓人往這方面聯想，那就是墨守成規的人（Prinzipienmenschen）。他們想要用某種原則掌握生活的一切現象，任何情況下都要根據該原則去處置；而且這原則只要一建立就不容更改；如果任何事情不依照他們習慣認定的程序進行，他們就渾身不對勁。這種人往往也是不知變通的人（Pedanten）。我們會感覺到，這種人覺得很不安，因而想把生活中的無數事物都塞進少數幾條規則和公式裡，只因為若非如此，他們就走不下去，也會感到驚慌失措。他們必須預先搞清楚規則，才會願意與人合作。如果遇到規則不明的情形，他們會拔腿就跑。如果你跟他們玩一種他們不擅長的遊戲，會讓他們覺得受傷且受辱。至於這其中展現權力的空間有多大，是可想而知的。別人該怎麼做，規則都要由他們來寫。我們還想到那種**和團體格格不入的自命清高**。這種案例不勝枚舉。我們也總是能發現，這種人滿腦子都是抑制不住的支配欲和虛榮心。

就算他們工作勤奮，也總是會有不知變通和枯燥無聊的毛病。這種毛病往往會扼殺他們的主動性，把他們變成謹小慎微的人，養成古怪的習性。有的人走在人行道上，一定要沿著邊緣走，或者不斷低頭看自己踩到什麼石頭。也有人一旦習慣走一條路，你就幾乎不可能讓他換一條路走。這種人對人生的廣闊完全不感興趣。由於本質使然，他們總是浪費大量時間在自己身上，對自己和周遭的人也總是不滿意。當不得不踏入一個既不習慣也不熟悉規則的新環境時，他們就會自我放棄，因為他們相信，如果自己沒有準備、不清楚規則、沒有掌握咒語，就不可能駕馭那個環境。所以他們會盡可能避免任何變動。比如說，光是春天到來就可以讓他們手足無措，因為他們已經適應冬天那麼久了。春暖花開的季節自然容易出門，人與人也有更多機會接觸，這些都會嚇壞他們，讓他們感到不適。會在春天老是抱怨身體不舒服的，就是這些人。由於他們很難適應變動的環境，所以大多只能從事不必有太多主動性的工作，而且只要他們不願意改變，別人也只能給他們安排那種職位。因為我們不能忘記，決定他們的並不是天生的屬性，也不是不容改變的現象，而是一種錯誤的生活態度強佔了他們的內心，充滿了他整個人，才使他幾乎沒有機會擺脫這個毛病。

五、卑躬屈膝

還有一種類型同樣不適合需要主動性的工作，那就是**奴性**（Dienerhaftigkeit），只有被人使喚時才會覺得舒服。對僕人來說，他的世界只有規範和準則。這種類型的人會滿心歡喜地尋找一個服侍別人的工作。我們在生活中各式各樣的關係裡也見識到這回事。首先這種人在外觀通常彎腰駝背，而且姿態越低越好。他總是注意對方在說什麼，不是為了思考他聽到的事，而是要附和對方並且趕緊照辦。這種人無時無刻都要擺出卑躬屈膝（unterwürfig）的態度。這種傾向有時甚至能達到最不可思議的程度。那種人是真的很享受對別人卑躬屈膝。這並不說只想居上位的人才是比較理想的。然而那些只知道把卑躬屈膝視為人生任務的真正答案的人，其人生有多麼陰暗也應該也不言而喻吧。

我們也想到，有一大群人似乎都把服從（Unterordnung）視為人生的律法。我們指的不是僕人階級，而是女性。女人必須服從，這只是一條不成文的法律，但是所有女人卻都銘記在心，無數男人也都還堅持這點。他們相信女人存在的目的就是為了服從男性。結果男人也就往往試著要駕馭女人。雖然人際關係都被這種觀點毒害且破壞了，但是這種觀點就像無法消滅的迷信，甚至在女性之間也有很多信奉者；她們相信那是一條高於自己的永恆律法。我們從來不曾看過這種觀念為任何人帶來什麼好處。反之，我們一再聽到有人抱怨說，如果女人不要那麼聽話的話，一切就會美好得多。

沒有任何人類心靈能夠忍受這種服從，撇開這個不說，這樣的女人還會退化而且無法獨立，如下面的個案所顯示的。那是個重要人士的妻子。兩人因為愛情而結合，但是這位女士嚴格遵守上述的教條，她先生也相信這點。日子一久，她完全變成一部機器，生活唯一的內容只是義務和無止盡的服務。她一切的主動性都消失了。然而她身邊的人也習以為常，並不覺得有什麼問題，然後終於出了狀況。這個個案之所以沒有惡化，是因為當事人的社會地位比較高。但是如果我們想到，絕大多數的人都認為女人的服從是天經地義的命運，就會知道這個問題會導致多麼大的衝突。因為這種屈服事實上是行不通的，所以如果先生把它視為理所當然，他就可能一再覺得被冒犯。

有時候女人會真的相信她必須服從男人，而選擇了支配欲很強或粗暴的男人。然而不久之後，這種不自然的關係就會演變成重大衝突。我們有時候會產生一種印象，彷彿這些女人是故意把女性的服從搞到很可笑的程度，只為了證明那有多荒謬。

解決這個問題的辦法，其實我們都已經知道了。男人和女人的相處，必須是一種夥伴和合作的關係，沒有哪一方應該捨己從人。如果目前這還只是一種理想，那至少可以作為一個標準，據此衡量一個男人的文明程度，或者他有多麼野蠻，以及錯在什麼地方。

臣服的問題不只發生在兩性關係上，而讓男性感到很難堪的挫折，它也在民族的層次上扮演重要角色。古代世界的整套經濟和統治關係都是建立在**奴隸制度**上，現在也許大多數人們的祖先都是奴隸出身，兩個有嚴重矛盾的階級的對立已經延燒了多少個世紀，而現在還有某些民族盛行種姓制度，想到這裡，我們就能了解服從的原則及其要求仍然一直活躍在人類心中，足以形成一種類型。大家都知道，在古代世界裡，勞動被視為比較卑賤的活動，必須由奴隸去執行，主人不應該在勞動中弄髒雙手；主人不只是命令者，而且還集結一切美好屬性於一身。統治階級由「最優秀者」組成；古希臘文的「aristos」就包含了這兩種意思：貴族統治（Aristokratie）就是最優秀者的統治。然而關鍵當然不是對於德行和優點的檢驗，而純然是權力手段。這種檢驗和分級最多只會在奴隸階級，也就是在僕人之間進行。而所謂「最優秀者」則指那些握有權力的人。

在我們這個努力讓人類團結的時代，統治階級與奴隸階級的區分已經失去一切意義與合理性。但是人類存在的這兩種表現形式，直到我們這個時代裡都還影響著人們的想法。請回想一下，就連偉大的思想家**尼采**都主張，最優秀者應該統理大眾，其餘人則應該臣服。在今天，要在想法上擺脫統治者和臣服者的區隔，而真的認為人人平等，一直都不是容易的事。而光是擁有這種平等的觀點，就已經是一大進步，可以使我們免於犯下嚴重的錯誤。因為有些人還是習於臣服，以至於他們永遠很高興可以為了微不足道的小事而感謝某人，僅僅為了自己存在於世界上就不停地道歉，可是你當然不該認為他們喜歡抱持這種心態；事實上他們會覺得自己相當不幸。

六、狂妄自大

有一種類型的人，和前面類型正好相反。他們狂妄自大，總要扮演要角；他們的人生可以翻譯為一個永恆的問句：「我要怎樣凌駕所有人之上？」這種角色在人生中總是到處碰壁。在某種範圍內，如果沒有太多敵意攻擊和冒犯，甚至有對大家有好處的話，那麼這種角色多少還是可以接受的。你通常都在必須有人登高一呼的地方、指揮者的職位以及機關團體裡看到這種人。他們幾乎是自動爬到這些位置上的。在動盪的時局裡，在激昂的群眾中，這些人就出現了，至於為什麼只有他們才能嶄露頭角，基本上是理所當然的。因為他們使臂使指，神完氣足，而且野心勃勃，多半也都城府很深。這些人在家裡從來都是下命令的人；任何遊戲，只要不能在其中扮演駕馭馬車、開汽車或者當將軍的角色，他們就沒興趣。他們當中有些人，只要一輪到別人發號施令，工作效率就會大減；一旦輪到他們去執行命令，馬上就焦慮不安。另外有些人也許躍躍欲試，卻由於歷練不足，因而當不成領導者。另外，在承平時期，我們也看到這種人在小團體裡也都是領導人物，不論在職場或社會裡。他們一直站在台前，因為他們不斷挺身而出，總是夸夸其談。然而只要他們不過於干擾人際關係的遊戲規則，就沒有什麼好反對的，儘管我們認為，讓這種人得到不虞之譽，是很不恰當的事。因為他們也會鋌而走險，不會甘於寂寞，所以也不是最好的合作夥伴。他們會無所不用其極，不會安分守己，不管大大小小的事，永遠都想展現自己的優越。

七、情緒化

也有些人在面對人生及其課題的時候，全憑當下的心情決定。如果有心理學家認為這是天生的現象，那就搞錯方向了。他們全都屬於極其好勝並因而非常敏感的人。他們對自己的人生不夠滿意，於是尋找各種不同的出路。他們的**敏感**（Empfindlichkeit）就像一根伸長的觸角，讓他們在採取態度之前，預先探測各種生活情境。

有的人抱持著永不低落的好心情；這些人會大吹大擂地找尋生活中的歡樂面，以歡喜和開朗的心情為自己的生活創造一個必要的基礎。他們也有各種程度差別。有些人能一直展現出**很傻氣的開朗態度**，而且他們的傻氣有著某種溫暖人心的能力。他們不會逃避眼前的任務，而是以某種嬉戲或藝術家的方式努力完成它們。或許沒有其他類型的人能像他們那麼美麗而惹人憐愛。

然而也有些人，他們開朗的人生觀過了頭；就連事態嚴重的時候，他們還是一派輕鬆，甚至還露出幼稚的本性，渾然不知人生的種種艱難，使得我們對他們沒辦法有什麼好印象。這種人在工作時總讓人很不放心，覺得很不牢靠，因為他們面對困難時很容易想要跳過去。於是別人大多不會讓他們經手比較困難的工作，不過更多時候他們自己事先就已經躲開了。你很少能看到他們從事真正困難的任務。儘管如此，在我們結束對這種人的描述之前，還是要給他們一些正面的評語。因為這個世界上實在有太多人想不開了，相較於那些嚴重的負面情緒，我們必須說，跟這個類型的人相處還是滿開心的，我們也比較容易和他們建立友誼，比起那些總是憂鬱而悶悶不樂、遇到任何事都只看到陰暗面的人，他們要可愛多了。

八、倒楣鬼和可憐蟲

如果有人牴觸了社會生活的絕對真理，那麼他的生活在某個地方就會遇到反彈，從心理學來說，這是不證自明的事。這種人大多無法學到教訓，而會認為那些不幸都是不公平的，都是他交了黃蓋運。他們一輩子都在想，這次又是遇上什麼瘟神，使得他們一事無成，一切都半途而廢。偶爾你還會看到有人甚至喜歡炫耀各種失敗，說自己又被什麼可怕的力量盯上了。我們進一步思考他們的立場發現，這又是虛榮心在作祟。這些人會擺出彷彿有個惡靈專門找他們麻煩的模樣；遇到大雷雨時，他們唯一的念頭，就是閃電一定是衝著他們來的；漸漸的，他們甚至會擔心家裡是否正好有小偷闖入。總而言之，無論在生活中遭遇任何困難，他們永遠只會產生一種想法，彷彿噩運總是偏偏選中自己。

只有一個處處以自己為事件核心的人，才會有這種誇張的想法。當一個人擺出倒楣鬼的模樣，看上去有時候是相當謙卑的。但是如果他真以為，一切有敵意的力量總是只對他有興趣，而從不找上別人，那麼他的虛榮心其實已經到了無以復加的地步。從孩童時期開始，這種人的日子就過得非常痛苦，想像強盜、殺人凶手以及其他可怕的傢伙老是不放過他們，而且到現在仍然相信，鬼魂和幽靈只會找自己麻煩。

他們的心情往往會表現在言行舉止上。他們總是垂頭喪氣，彎腰駝背，好像是要讓別人看到他們承受著多麼沉重的負擔。我們不由得要想起某些建築上的雕像柱，因為雕像柱也是，直扛著整個建築的重量。這些人把一切都看得太嚴肅了，也用悲觀的眼光判斷一切。我們也就不難明白，為什麼他們無論做什麼事都會立刻遇到問題，為什麼他們會一副倒楣鬼的模樣，不只對自己，也把別人的日子弄得很痛苦。然而在這些現象背後，真正的原因不外乎是他們的虛榮心。那不過是在裝腔作勢，跟前一個案例沒有兩樣。

九、宗教狂

有時候，有些人會托庇於宗教。他們在那裡做的事，基本上和以前沒什麼兩樣。他們會嗟嘆抱怨，不斷用自己的痛苦去煩惱慈愛的神；他們對神乞求的，全部只是他們自己的事，此外無他。同時他們大多相信，這位格外受人景仰和敬拜的神，基本上是在為他自己服務，為他承擔一切責任，此外還能透過人為的手段對神呼求，比如說透過聲聲哀求的禱告，或者透過其他方面的宗教奉獻。簡言之，慈愛的神完全沒有別的事做，而是必須透過他們的呼求才會特別關注人事。我們必須承認，這種宗教崇拜包含了可怕的異端思想，讓人不禁擔心，一旦古老的宗教裁所復辟，這些人會不會最先被抓去燒死。對於慈愛的上帝，就像對其他人一樣，他們只知道對著神哭泣哀號，自己卻不做任何事情來改善問題，只是一味要求別人改善。

這個問題能嚴重到什麼程度，下面的個案可以說明。這是一位十八歲女孩的故事。她非常乖巧，也很優秀，卻也十分好勝。她也很投入宗教信仰，一切宗教義務都會認真遵守。有一天她開始責備自己，認為自己不夠虔誠，犯了宗教的禁忌，而且時常有罪惡的想法。情況越來越嚴重，以至於她整天不停自我譴責，讓身邊的人開始擔心她是否有精神問題。因為她根本沒有可以責備的地方。大家總是看到她在角落裡哭泣，不停責備自己。這時一位神父忽然想到一個消除她的罪惡感的辦法：他對這個女孩宣佈，她自責的那些問題都不是罪，她可以解脫了。結果第二天，當這個女孩在小巷子裡遇到神父時，就對他大吼，說他沒有資格進教堂，因為他把如此重大的罪惡攬到自己身上了。

這個案例說到這裡就夠了。我們看到，就連在這種問題上，好勝心也能爆發出來，虛榮心也能把一個人變成道德上的法官，有權論斷美德與罪惡、潔淨與污穢，以及善與惡。

【第五章】情緒

所謂情緒（Affekte），就是我們所謂「性格特徵」的現象的升高表現。那是心理器官在一定時間內的活動形式，在一種我們熟悉或不明白的**強迫因素**（Nötigung）的壓力下突然宣洩出來，而且就像性格特徵一樣，也是**目標導向**的。它不是什麼捉摸不定、無從解釋的現象；如果它有什麼意義的話，也都是對應著一個人的生活方式和主要軸線，旨在造成某種變動，以便讓一個人的處境朝著有利的方向改變。它是**強化的**心理活動；只有當一個人放棄用其他辦法來達成目標時，或者更確切地說，只有當他不相信或不再相信有其他辦法可以達成目標時，才會訴諸這種活動。

所以，在這裡，情緒也是一種自卑感，一種缺陷感，迫使一個人集中所有力量，而使得心理活動比平時更加劇烈。透過這種升高的努力，他希望可以站到台前並且取得勝利。就好像如果沒有敵人就不會怒髮衝冠，所以這種情緒也只是旨在戰勝那個敵人。這種手段一直是許多人喜歡用的，在我們的文化中仍然可行，即透過強化的心理活動去達成目標。如果以這種方式沒辦法實現目標的話，那麼人們就不會有那麼多暴怒了。

所以我們時常發現，覺得沒把握取得優勢的人，並不會因此放棄目標，而是會再加把勁，在情緒的助陣下，試圖接近目標。當人在自卑感的刺激下、不由自主地被一種衝動促迫，就會集結起他的全部力量，像原始而未開化的民族那樣，以獲得自己真正的

（或自以為的）正義，實現自己的目的。

情緒也和人格的本質息息相關，而且絕不只是個人的特質，而是有規律地出現在許多人身上。每個人只要遇到相關的處境，都會產生對應的情緒。我們稱為心理器官的**情緒待命狀態**（Affektbereitschaft）。這些心理過程和整體人性緊密連結，使得我們能夠理解他們的種種情緒是怎麼回事。如果我們對某個人有相當的了解，就能想像和他的本質相關的種種情緒，而不必真正領教它們。

既然人的身心是密不可分的，像情緒這麼排山倒海而來的心理歷程，一定也會影響到身體。情緒在生理上的伴隨現象，會影響到血管和呼吸器官（脈搏升高、臉色脹紅、變白、呼吸頻率的改變）以及內分泌腺。

第一節：造成隔閡的情緒

一、暴怒

有一種情緒簡直是一個人對權力的追求和支配欲的體現，那就是暴怒。這個表現形式使得暴怒者的目標洩漏無遺：他要迅速且暴力地打倒眼前的一切阻抗。就我們目前所知，我們知道暴怒者增加力道是為了取得優勢。他對於認可的追求有時候會惡化為嚴重的權力狂熱，以至於只要對他的權力感有一丁點阻礙，也都會使他暴怒。在他們的認知裡，用這種（或許屢試不爽）方式最容易凌駕他人之上，也最能遂行自己的意志。這大概不是層次很高的辦法，但是在大多數的情況下都有效，而且有些人會想起自己以前如何在落下風的時候憑著暴怒扭轉頹勢。

在其他情況下，暴怒可以是很有理由的。不過我們在這裡要討論的不是這種類型，而是一種強烈而明確地突顯出來的情緒作用（Affektivität），以及那些把暴怒變成習慣的人。有些人的暴怒簡直成為自動程序，甚至荒唐到除了暴怒之外什麼別的辦法都不會。這些是非常傲慢的、極其敏感的人，無法忍受別人跟自己平起平坐甚或在自己之上，他總是要感覺到自己高高在上，所以老是提防是不是有人迎頭趕上自己，或者自己是不是還享受足夠的推崇。他們通常還有極度不信任人的特質，以至於身邊沒有任何可信賴的人。他們往往有其他鄰近的性格特徵，如我們前面所說的。在比較嚴重的個案中，好勝心太強的人也可能會在艱難的任務之前退縮，或是難以融入團體。然而如果他遭遇任何失敗，基本上只知道一種反應：他會大發雷霆，而且通常使身邊的人非常痛苦。比如說，他會砸爛一面鏡子或損毀貴重物品。但是事後當他認真找藉口說他當時不知道自己在做什麼，你又很難相信他。因為他想要傷害身邊的人的意圖再明顯不過了。當他這種情緒上來的時候，他總是找上某些貴重的物品，而從來不會發洩在無關緊要的小東西上。所以我們可以斷定這種行為必然是有**計畫**的。此外他也可能是嘗試用情緒暴發（Affektausbruch）的藉口來減輕自己的責任。

這個辦法在小圈子裡大概會有一定的效用；但是當他一到外面去，馬上就會失效。屆時他再暴怒的話，就很容易和旁人起衝突。

談到這種情緒的外顯，我們一聽到情緒這個詞，眼前立刻就會浮現這種人的模樣。那是對其他人的敵對姿態，其敵意之堅決和明確完全表露無遺。這種情緒顯示他幾乎完全拋棄了社群情感。他滿腦子只有對權力的追求，甚至會有擋我則死的想法。由於一個人的性格會在各種情緒裡突顯出來，所以這些外顯現象也就給了我們一個不難解決的問題，讓我們有機會磨練一下我們的人性知識。我們必須把暴怒者無一例外地形容成對人生抱持敵意、甚至被人生震撼到的人。然而為了不要荒廢我們對系統性的要求，我們要再次指出：一切對權力的追求都是建立在弱勢感和自卑感的基礎之上。對自己握有的權力感到放心的人，不會有這種誇大的行為和暴力的行徑。我們不要忽略這個事實。特別是在暴怒發作的時候，弱勢感會顯著升高，以指向取得優勢的目標。為了提升自己的人格感而以犧牲他人、傷害他人為代價，這實在是一種低劣的伎倆。

許多因素會特別助長暴怒的失控。其中特別值得一提的是**酒精**。有些人只要沾一點酒就夠了。酒精有個大家都知道的作用，那就是減弱或解除文化對一個人的約束。一個酒精中毒的人，他的行為和沒教養的人沒有兩樣。他失去自制力，不會考慮到他人，他在清醒時勉強還能抑制且隱藏的，也就是他對旁人的敵意，這時會醺醺然傾巢而出。在生活中遭遇挫折的人會借酒澆愁，也就不是偶然的事，因為他們在其中尋求安慰，試圖遺忘，但是也總是在為他們自以為原本可以實現卻不幸中輟的事找個藉口。

暴怒出現在兒童身上遠比在成人身上常見。只要一點小事，就足以讓小孩暴怒。由於孩子的自卑感特別強烈，所以他們渴望認可的軸線也會特別突出。一個容易暴怒的孩子，總是想要爭取別人的重視，而他所遭遇的阻礙，就他的感覺而言，就算不是完全不可克服，至少也會很艱鉅。

暴怒發作的時候，除了口出惡言，還有一個常見的現象，那就是動粗。有時候動粗的情況太嚴重，甚至會傷害到暴怒者自己。我們可以從這條線索去理解自殺行為。那是一種試著要讓家人或者身邊其他人感到痛苦的行為，是要報復自己遭受的不當待遇。

二、悲痛

當一個人遭到剝奪和損失，而沒辦法安慰自己的時候，悲痛（Trauer）的情緒就會上場。悲痛也蘊含了一種隱藏的願望，想要排解負面感覺和弱勢感，以創造一個更好的情境。在這個面向上，悲痛的價值和暴怒並無二致，只不過前者出現的場合不同，有不同的外顯，也有不同的方法。然而在這裡我們也看到指向優越的行動軸線。在暴怒當中，他的行動是針對其他人的，暴怒者會感覺到自己高高在上，也會給對手下馬威，反之，對當事者來說，悲痛是一種心理狀態的退縮，只不過這種退縮沒多久就必然會轉為擴張，因為悲痛者會努力尋求昇華和滿足的感覺。不過悲痛起初必然只是一種宣洩，同樣是針對周遭的人的心理活動，即便方式不同。因為悲痛者基本上是一個**控訴者**，也就是和周遭的人對立。雖然悲痛很自然地根植於人類的本質，當悲痛過度的時候，也會包含著對周遭的人有敵意的、有害的元素。

周遭人們的態度，可以使悲痛者振作起來。大家都知道，只要有人伸出援手、同情且支持他們，送他們東西，或和他們談談心，他們的悲痛就可以得到緩解。如果哭泣和悲嘆有助於宣洩，那麼就似乎不只會導致對周遭的人的攻擊，悲痛者更會扮演控訴者、審判者和批評者的角色以克服他的命運。渴望和懇求的元素清楚可見。周遭的人的負擔會越來越大。悲痛就像一種有約束力的、不可抗拒的訴求，其他人只能屈服。

所以，這種情緒也呈現一種由下而上的軸線，其目的在於不要失去立足點，並且把它表現出來，以補償自己的無力感和弱勢感。

三、情緒的濫用

情緒的現象長期以來都不為人所理解，直到大家發現，那是讓人毫不猶豫地克服自卑感的機會和方法，讓自己的人格得到重視。所以，情緒的待命狀態及其外顯，在人類內心生活的應用面極其廣泛。當一個小孩因為覺得自己被冷落而暴怒、悲傷或哭泣，而且當他有機會測試這套方法是否有效時，便很容易選擇這條路，只要一點小事，他就會採取這個態度，應用各種情緒，以謀得自己的利益。這種情緒的操作可以變成自然而然的習慣，讓人不再覺得那是正常的事。你還會看到他成年之後習慣濫用這些情緒，變成廉價而有害的現象，輕率地上演著暴怒、悲痛或其他情緒，全部只為了實現其目標，只為了貫徹意志。然後當某個要求被拒絕了，或者當他對某事的控制受到威脅，這個狀態就會習慣性地登場。有些人在悲痛的時候，會哭得震天價響，讓人為之動容，好像可以因此得獎一樣，以至於令人心生反感。耐人尋味的是，有時候那個場面簡直成了悲痛競賽。

有些濫用情緒的人，還會出現附帶的生理現象。我們都知道，有些人在暴怒的時候，消化道受到刺激，以至於他在盛怒之中反胃嘔吐。這麼一來，敵意就表現得更強烈了。嘔吐代表對其他人的宣判，或對一個情境的蔑視。悲傷者往往不吃不喝，以至於形容憔悴，表現出一個真正「悲慘的形象」。

這種表現形式對我們來說之所以特別重要，是因為它會觸動其他人的社群情感。社群情感的表達大多都能緩解一個人的情緒。不過也有的人過於渴望其他人的社群情感的關注，因而不願意走出悲痛，因為越多人對他們表達友誼和關懷，他們就越加自我感覺良好。

暴怒和悲痛雖然以不同程度喚起我們的同情，卻也會造成人與人的隔閡。這種情緒不會使人更關心彼此，而會喚起一種對立，因而傷害社群情感。不過，悲痛會在後續的發展中拉近人與人的距離，不過那不是正常狀態，不是在雙方都具有社群情感的狀況下進行的，而是造成一種傾斜，使得周遭的人成為單方面付出的一方。

四、作嘔

作嘔（Ekel）也是一種會產生隔閡的情緒，雖然比較輕微。在生理上，當胃壁受到刺激，就會產生作嘔。不過也有一種厭惡是來自內心衝動，例如想要從心裡把某個東西趕出去，那就是噁心。在這點上，我們看到這種情緒產生隔閡的元素。接下來的現象也會證實這點。那就是把頭別過去的動作。扭曲的臉代表對周遭的人的譴責，一種用拒絕和排斥來解決問題的態度。在濫用的情況下，一個人可以喚起作嘔的感覺以擺脫某個不愉快的情境。也許不同於所有其他情緒，作嘔是很容易隨意喚起的情緒。經過某些訓練，再加上某個想像，一個人可以很熟練地擺脫周遭的人，或對他們進行攻擊。

五、恐懼（驚嚇）

恐懼在人類生活中相當重要。這種情緒的複雜之處，在於它不只是個造成隔閡的情緒，而是類似於悲痛的情況，會在後續發展中拉近人與人的距離。比如說，一個小孩子出於恐懼，會逃離一個情境，卻也會朝其他人跑去。另一方面，恐懼的運作機制並不一定表現為凌駕在周遭人們之上，而是表現為一種挫敗。其外顯是一種畏縮的現象。這個情緒之所以能拉近人與人的距離，就是從這裡開始的，它同時也蘊含了一個對於優勢的要求：恐懼者逃到另一個情境裡尋求保護，並且試圖強化自己，以便能應付危險並且打敗它。

這種情緒有一種扎根很深的過程。它所呈現出來的，是一切生物的**原始恐懼**（Urangst）。就人類來說，那源自面對大自然時普遍感到的不安全感和弱勢感。他們關於克服生存問題的知識殘破不堪，宛如小孩子一般無法獨自生存，而需要別人為他們張羅一切。小孩子一來到這個世界，從面對外在世界的生存條件的那一刻開始，就察覺到這些生存問題。小孩子在努力擺脫不安全感的過程中，總是面臨失敗的風險；如果失敗的話，他可能形成悲觀而自私的人生觀，在性格特質上也可能更加要求周遭的人的幫助和體諒。如此一來，他們會變得戒慎恐懼，和生活的課題保持一大段距離。如果這種小孩哪一天不得不向前挺進，也一定會先準備好撤退計畫，也永遠側著身準備逃跑，而他們最常見也最引人注目的情緒就是恐懼。

光是在這種情緒的表達行為裡，尤其在面部表情上，我們就看到一種對應的行動，不過那不是直接的、攻擊性的。有時候這類現象會惡化到病態的程度，讓我們在許多個案上特別容易看到人類心理運作的深處。這時我們會清楚感受到，恐懼者彷彿伸手抓住他人，把他拉到自己身邊牢牢不放。

對此現象的進一步研究，就回到了我們在討論恐懼的**性格特徵**時得到的認知。這類型的人總是會找某個人支持自己的生活；總是要有個人聽他使喚。我們可以在被寵壞的孩子身上看到這種生活模式的原型。實際上，這不外乎是嘗試建立一種支配關係，彷彿別人唯一的用途只不過是支撐這個恐懼者。我們更進一步探討就會看到，這些人在生活中總是要求別人要給予特別的關懷。由於缺乏對生活真正的接觸，他們獨立的能力已經喪失殆盡，因而特別渴望上述的特權。不論他們多麼需要其他人的陪伴，他們的社群情感仍是非常薄弱。所以，恐懼的表現使他們得以擁有一個特權位置，逃避生活的要求，以及迫使其他人為自己服務。最後，恐懼在日常生活所有的關係中生根，成為一種有效的手段，以便支配（或者逃避）他身邊的人。

第二節：使人拉近距離的情緒

一、快樂

在快樂這種情緒中，我們清楚看到人與人的相連。快樂和孤立是不相容的。在快樂的外在表現上，例如訪友、互相擁抱等等，都顯示他樂意和人一同遊玩、分享訊息及一起享受。快樂的態度也是拉近距離的，就像和人握手，或是散發到對方身上、也打算鼓舞對方的溫暖。一切使人拉近距離的元素，在這種情緒中通通存在。

這裡同樣有一條向上攀升的軸線，我們看到一個人走出不滿足感而得到了優越感。快樂其實正是克服種種挫折之後的正確表現。和快樂同時出現的還有讓人如釋重負的歡笑，代表了這個情緒的圓滿結局。歡笑散播到個人之外，因而博得他人的好感。

在這裡也有濫用的現象；那要視個人的本質而定。有個病人在聽到墨西納（Messina）大地震之後非常開心，還放聲大笑。在進一步探問之後，他說悲傷會讓他感到自己的弱勢，而他不願意讓這種感覺在心中浮現，所以才會用另一種情緒來表達悲傷。還有一種特別常見的濫用，那就是**幸災樂禍**（Schadenfreude），也就是一種在不當場合上出現的歡樂，它蔑視且傷害了社群情感。幸災樂禍是一種造成隔閡的情緒，有人會藉此尋求凌駕他人的優越感。

二、同情心

同情心（Mitleid）是社群情感最純粹的表現。如果我們看到一個人流露出同情心，那麼一般說來他一定有健全的社群情感。因為這種情緒顯示一個人能**同理**（einfühlen）他的同伴。

也許比同情心更普遍的，是對它的濫用。比如有人會裝出一副社群情感豐富的模樣，看到有意外發生總是衝上前去，卻什麼也不做，只想被人看到，藉此博得一點虛名。又比如有人在遇到其他人的不幸時，會興沖沖地上前去打探究竟，趕都趕不走。這些汲汲於表演善意的人，主要是要得到一種凌駕於窮人和受難者之上的、讓自己輕快舒暢的優越感。偉大而深諳人性的拉侯什傅科在談到這種類型的人時曾說：「在朋友遭遇的災難中，總有些東西是我們不怎麼討厭的。」

有人誤以為這種現象可以歸結到我們觀賞悲劇時的快感。他們的解釋是，人們在觀賞悲劇時，會覺得自己的處境比台上的劇情好太多了。不過這種解釋應該不適用於多數人。因為我們對悲劇情節感興趣，大多源自於我們渴望認識自我以及獲取教訓。我們從頭到尾都不會忘記那只是一場戲劇；我們對悲劇的期待，是從中得到更好的人生準備。

三、羞恥心

有一種情緒既是會拉近人的距離，也會造成隔閡，那就是羞恥心（Scham）。羞恥心也是社群情感的一個構成要素，所以永遠不會在人的內心生活裡絕跡。如果少了羞恥心，人類社會也不可能存在。當人的心裡受到侵犯，個人的人格價值有貶損之虞，尤其是每個人都在意的尊嚴可能受到損害，這時候羞恥心就會出現。這種情緒也會產生非常強烈的身體反應。在生理上，微血管會擴張，產生充血現象，臉部也會脹紅。有些人連胸部也會變紅。

其外顯的舉止是會躲避周遭的人。那是一種退縮的姿態，同時會有不開心的感覺，大抵上是一種想逃遁的表示。把頭別過去、雙眼低垂，都是逃避的舉動，讓我們清楚看到這種情緒當中造成隔閡的元素。

在這裡也有一種濫用情況。有些人特別容易臉紅。你能看到他們在和人相處時，隔閡的元素都比拉近距離的元素顯著得多。臉紅只是一種手段，讓他們可以脫離社群。

〔附錄〕

關於教育的一般註記

有一個主題，我們在前面只能約略涉及，在這裡我們要做一點補充。那就是教育對心理器官的影響，包括家庭、學校以及生活的教育。

無疑地，就權力的追求以及虛榮心的形成而言，我們當前的家庭教育有推波助瀾的作用。每個人都可以從自己的經驗去驗證看看。不過家庭有不可否認的優點；我們沒辦法想像，有其他機構比家庭更能讓孩子**在正確的引導下**長大。尤其是在生病的時候，更能突顯出家庭是最適合使人類存續的結構。每個父母親也是很好的教育者，具有必要的洞察力，能在小孩心理發展一出問題的時候立刻察覺，並且以適合的處置予以導正，就此而言，那麼我們會很願意承認，如果要培養一個有用的人，沒有什麼機構比家庭更適當了。

可惜不容否認的，父母親既不是好的心理學家，也不是好的教育學家。現在在家庭教育裡扮演要角的，是一種家庭**利己主義**，其中每個家庭變質的程度各自不同。這種家庭利己主義（一副理所當然地）要求自己的小孩得到特別的照顧、被特別看重，儘管以犧牲其他小孩為代價。這也就使得家庭教育犯下最嚴重的錯誤，因為他們等於是灌輸小孩一個觀念，告訴他們一定要壓倒別人，一定要自視高人一等。此外，家庭組織本身也是問題，因為無法擺脫**父權**（父親的領導權）的想法，於是災難就不可避免。這種和社群情感無甚關聯的父親權威，總是很快就導致某種公然或暗地裡的反抗。沒有人會直截了當地承認父權。父權最嚴重的壞處，是給小孩子一個追求權力的榜樣，讓小孩子看到握有權力的種種好處，並且把小孩子變成渴望權力、好勝而虛榮的人。所有人都想得到那樣的地位，都想受人重視，並要求其他人順從且屈服於自己，因為他們已經習慣看到周遭裡權力最大的人做這種要求。所以他們也就對父母親以及周遭其他人採取了一種敵對的立場。

如此一來，在我們的家庭教育裡，孩子幾乎不可避免地以追求優越為目標。我們看到非常小的孩子就已經會玩假扮大人的遊戲，而且直到成年很久之後，他們仍然會在腦袋裡（有時是因為下意識地想起了家裡的情境）把所有人都看成家人一樣，或者，當這種權力追求的態度遭遇挫敗時，他們就會希望逃避這個再也不可愛的世界，過著孤立的生活。

另一方面，家庭也是適合發展社群情感的地方，只不過（如果我們沒有忘記上述的權力追求和父權的問題的話）只能到某個程度為止。最早的孺慕衝動是在**和母親的關係**中產生的。這是孩子在人際關係方面最重要的體驗；小孩子在母親身上學到什麼叫**可靠**的夥伴，也認識且感受到親密關係。**尼采**說，每個人對愛情的理想形象，都是從他與母親的關係裡創造出來的。培斯塔洛奇（Pestalozzi）[1]曾經指出，母親不只是小孩子在人際關係上的明燈；他和母親的關係甚至會構成他所有表現的基本框架。透過母親的這個功能，小孩子得到了發展社群情感的機會。母子關係也會讓小孩發展出異常的人格；我們注意到，這種小孩有一定的社交障礙。尤其是可能有兩種偏差。第一種是母親在親子關係中沒有盡到責任，以至於小孩子沒有發展出社群情感。這個缺陷十分嚴重，會導致不計其數的困擾。孩子在成長過程中會覺得自己宛如身陷敵營。如果要讓這種孩子變好，唯一的辦法就是補償他以前被疏於照顧的功能。這也就是使他重新融入社群的辦法。另一個經常出現的主要偏差在於，母親或許沒有疏忽職責，卻又太盡責了，以至於小孩的社群情感無法**向外延伸**。小孩發展出來的社群情感全部只投注在母親身上。也就是說，小孩子只在乎母親，其餘的世界則都被隔絕在外。這類型的小孩同樣缺乏融入社會的基礎。這兩類小孩都有強烈的自卑感、捉襟見肘的社群情感，同時還缺乏勇氣。

除了母子關係之外，家庭教育還有其他許多必須注意的重要環節。例如**舒適的兒童房**，讓小孩子更樂意也更容易適應這個世界。如果我們考慮到，大多數小孩必須對抗那麼多挫折，在生命最初的幾年裡，小孩子要覺得這個世界是個舒適的居所是多麼不容

1譯注：十八世紀瑞士教育學家。

易，我們就會明白，**早期的童年印象**有多麼重要，因為這些印象會決定小孩的生命方向，決定他如何繼續探究、繼續前進以及生活模式的自動形成。如果我們再考慮到，有多少小孩天生有種種病痛，而且在這裡只經歷到悲傷和痛苦，有多少小孩根本沒有自己的房間，或者是沒有半點生活樂趣的房間，那麼我們就會明白，為什麼大多數小孩長大後會不喜愛生命和社會，也沒有豐富的社群情感，那是只有在良好的人類社群中才能茁壯且開展的東西。此外，我們還必須想到，童年早期裡的偏差教育可能造成非常深遠的後果。嚴厲而無情的教育可能扼殺孩童的生活樂趣和合作意願；過度呵護的教育（替小孩排除任何障礙並給予最多的溫暖）則可能讓小孩日後無法適應在家庭之外的人生現實。

所以，今天我們社會裡的家庭教育並不適合培養一個在人類社會裡人格健全的、有同胞愛的夥伴。因為給小孩灌輸太多對於虛榮的追求了。

如果我們現在問，還有什麼機構可以補救且改善孩子的發展偏差，那麼我們首先會注意到的是學校。然而進一步的探討顯示，現代的學校型態同樣難以勝任。以今天學校的狀況，大概不會有任何老師能自豪地說他能夠認清孩童偏差的本質並匡正其錯誤。他既沒有準備，也沒有能力，因為他必須依照手上的課程計畫上課；就連關心一下他的對象是什麼樣的人也不被允許。再者，班級人數太多也讓他力有未逮。

因此我們必須繼續尋找，看還有沒有一個機構能夠排除家庭教育的這個缺陷（這個缺陷妨礙我們成為一個團結的民族）。有些人或許會說，有，那就是生活。但這個答案也有些問題。光從前面的討論我們就看到，要改變一個人，生活並不是適當的手段，儘管有時候我們會有這種印象。光是一個人的虛榮心和好勝心，就使他難以改變。就算再怎樣做錯事，他也永遠會感覺到，不是其他人要負責，就是自己根本別無選擇。在受到打擊之後，會好好反省自己犯了什麼錯誤的人，是少之又少的（前面我們也討論過一個人如何消化且運用自己的經驗）。

所以生活也無法讓一個人徹底改變自己，而且從心理學來說，這是可理解的，因為人在踏入生活的時候，他的發展就已經成型。他不再東張西望，也各自追求優越的目標。正好相反，生活甚至是個拙劣的教師，因為生活不會提醒我們，也不教導我們，而是冷酷地把我們踢開，直接讓我們落敗。

所以在掌握這個問題的大致面貌之後，我們只能確認一點：唯一可能提供協助的機構，就是學校。如果學校的功能沒有一直被誤用的話，它還是可以幫上忙的。因為直到現在，那些控制了學校的人總是把學校當成工具，以實現他們自己虛榮且好勝的計畫。長期下來，這無法產生什麼有益的結果。而當我們不久之前又聽到風聲，有人在學校恢復舊日的權威教育，那麼我們就得質疑，這個權威教育過去到底成就過什麼好事？我們已經知道，權威一直以來多麼有害，那現在能帶來什麼益處呢？連在家庭這個比較溫和的情境裡，權威也只會造成所有人的反抗，那麼在學校裡的害處就更不用說。再者，權威本身從來不會得到認同，而只是強加到別人頭上。就連在學校裡，權威也很少能得到全體一致的認同。而且無論如何，孩子進到學校裡，一定清楚意識到老師是國家的公務員。要把威權強加到他的心理發展之上，很難不產生有害的後果。權威感不應該建立在強迫的影響手段上，而必須以社群情感為基礎。

學校是每個孩子在心理發展上都會進入的場所。所以，學校必須滿足心理健全發展的一切必要條件。因此，只有當學校能夠配合心理器官的發展條件時，才能算得上是好學校。只有這樣的學校，我們才能稱為**有助於社會生活的學校**（soziale Schule）。

結語

在這本書裡，我們試著指出，心理器官源自於一種天生的、對身心都有作用的實體（Substanz），再者，心理器官完全是在社會條件下開展的，也就是說，必須同時滿足身體構造以及人類社會的要求。心理器官就在這樣的框架內發展，也在這個框架內被指定一條道路。

我們繼續探討了這個發展，研究了感覺、想像、記憶、感受和思考的能力，最後談到性格特徵以及情緒。我們發現，所有這些現象之間都有不可分割的關聯，一方面服膺著社群的法則，另一方面則由於每個個體對權力和優越的追求，而被引導到特定的軌道並且開始型塑自己。我們已經看到，一個人追求優越的目標，連同其社群情感，依據具體案例中不同程度的發展階段，會讓一個人形成特定的性格特徵，也就是說，這些性格特徵並不是天生的，而是後天發展出來的：這些性格特徵從心理發展的起源開始，一路朝向那懸在每個人眼前、多少意識得到的目標前進，它逐漸成形，彷彿是沿著一條主要軸線逐步發展。

這類性格特徵和情緒是我們理解人性時的寶貴指南；其中有些我們做了詳細的討論，有些則簡單帶過。最後要指出的展望是，相應於每個個體的權力追求，每個人都會在心中累積一定的虛榮和好勝心；而從其表現形式中，我們能清楚辨認他的權力追求及其作用方式。我們已經指出，好勝心和虛榮心的過度發展，特別會妨礙到個體循序漸進的進展，壓抑其社群情感的發展，或甚至使它無法出現；虛榮與好勝總是干擾到人類社群的運作，同時也導致個人及其追求的失敗。

心理發展的這個法則，就我們看來，是不可違抗的，對每個人而言也是最重要的指引，如果他不想受制於內心陰暗的衝動，而想要有意識地打造自己的命運的話。在這些研究中，我們推動了「人性知識」的科學；雖然在其他地方幾乎沒有人從事，但是在我們眼中，這是所有階層的民眾最重要也最不可忽略的工作。

國家圖書館出版品預行編目資料

認識人性／阿爾弗雷德．阿德勒（Alfred Adler）著；區立遠 譯. -- 初版. -- 臺北市：商周出版：家庭傳媒城邦分公司發行, 2017.05
面； 公分
譯自：*Menschenkenntnis*
ISBN 978-986-477-234-6（平裝）
1. 個人心理學 2.性格
173.74 106005820

認識人性

原著書名／*Menschenkenntnis*
作　　者／阿爾弗雷德．阿德勒（Alfred Adler）
譯　　者／區立遠
責任編輯／林宏濤、楊如玉

版　　權／林心紅
行銷業務／李衍逸、黃崇華
總 編 輯／楊如玉
總 經 理／彭之琬
事業群總經理／黃淑貞
發 行 人／何飛鵬
法律顧問／元禾務法律事務所　王子文律師
出　　版／商周出版
城邦文化事業股份有限公司
台北市民生東路二段 141 號 9 樓
電話：(02) 25007008　傳真：(02) 25007759
E-mail：bwp.service@cite.com.tw
發　　行／英屬蓋曼群島商家庭傳媒股份有限公司城邦分公司
台北市民生東路二段 141 號 2 樓
書虫客服服務專線：(02) 25007718、(02) 25007719
24 小時傳真專線：(02) 25001990、(02) 25001991
服務時間：週一至週五上午09:30-12:00；下午13:30-17:00
劃撥帳號：19863813；戶名：書虫股份有限公司
讀者服務信箱：service@readingclub.com.tw
城邦讀書花園：www.cite.com.tw
香港發行所／城邦（香港）出版集團有限公司
香港灣仔駱克道193號東超商業中心1樓
E-mail：hkcite@biznetvigator.com
電話：(852) 25086231　傳真：(852) 25789337
馬新發行所／城邦（馬新）出版集團【Cité (M) Sdn. Bhd.】
41, Jalan Radin Anum, Bandar Baru Sri Petaling,
57000 Kuala Lumpur, Malaysia.
電話：(603) 90578822　傳真：(603) 90576622
E-mail：cite@cite.com.my

封面設計／黃聖文
排　　版／新鑫電腦排版工作室
印　　刷／韋懋實業有限公司
經 銷 商／聯合發行股份有限公司
電話：(02) 2917-8022　傳真：(02) 2911-0053
地址：新北市231新店區寶橋路235巷6弄6號2樓

■ 2017年（民106）5月4日初版
■ 2024年（民113）2月2日初版13刷

Printed in Taiwan

定價／350 元

城邦讀書花園
www.cite.com.tw

 ISBN 978-986-477-234-6

商周出版

廣	告	回	
北區郵政管理登記			
台北廣字第000791			
郵資已付，免貼郵			

104台北市民生東路二段141號2樓

英屬蓋曼群島商家庭傳媒股份有限公司　城邦分公司

請沿虛線對摺，謝謝！

商周出版

書號：BK7076　**書名：**認識人性　**編碼：**

請於此處用膠水黏貼

商周出版

讀者回函卡

感謝您購買我們出版的書籍！請費心填寫此回函卡，我們將不定期寄上城邦集團最新的出版訊息。

不定期好禮相贈！
立即加入：商周出版
Facebook 粉絲團

姓名：________________ 性別：☐男 ☐女

生日：西元________年________月________日

地址：________________

聯絡電話：________________ 傳真：________________

E-mail ：

學歷：☐ 1. 小學 ☐ 2. 國中 ☐ 3. 高中 ☐ 4. 大學 ☐ 5. 研究所以上

職業：☐ 1. 學生 ☐ 2. 軍公教 ☐ 3. 服務 ☐ 4. 金融 ☐ 5. 製造 ☐ 6. 資訊
☐ 7. 傳播 ☐ 8. 自由業 ☐ 9. 農漁牧 ☐ 10. 家管 ☐ 11. 退休
☐ 12. 其他________________

您從何種方式得知本書消息？

☐ 1. 書店 ☐ 2. 網路 ☐ 3. 報紙 ☐ 4. 雜誌 ☐ 5. 廣播 ☐ 6. 電視
☐ 7. 親友推薦 ☐ 8. 其他________________

您通常以何種方式購書？

☐ 1. 書店 ☐ 2. 網路 ☐ 3. 傳真訂購 ☐ 4. 郵局劃撥 ☐ 5. 其他______

您喜歡閱讀那些類別的書籍？

☐ 1. 財經商業 ☐ 2. 自然科學 ☐ 3. 歷史 ☐ 4. 法律 ☐ 5. 文學
☐ 6. 休閒旅遊 ☐ 7. 小說 ☐ 8. 人物傳記 ☐ 9. 生活、勵志 ☐ 10. 其他

對我們的建議：________________

____

____

請於此處用膠水黏貼